Colección

Medios Adecuados de Solución de Controversias para la inclusión

Colección

NÚMERO: 96

DIRECTOR: Luis Cayo Pérez Bueno

Elaborado con el apoyo de:

PRIMERA EDICIÓN: enero, 2026

© DEL TEXTO: CERMI, 2025
© DE ESTA EDICIÓN: CERMI, 2025
© ILUSTRACIÓN DE CUBIERTA: David de la Fuente Coello, 2025

DISEÑO DE LA COLECCIÓN:
Juan Vidaurre

PRODUCCIÓN EDITORIAL,
COORDINACIÓN TÉCNICA
E IMPRESIÓN:
Grupo Editorial Cinca, S. A.
C/ General Ibáñez Íbero, 5A
28003 Madrid
Tel.: 91 553 22 72
grupoeditorial@edicionescinca.com
www.edicionescinca.com

DEPÓSITO LEGAL: M-27268-2025
ISBN: 978-84-10167-80-3

El PDF accesible y el EPUB de esta obra están disponibles a través del siguiente código QR:

Medios Adecuados de Solución de Controversias para la inclusión

Criterios y pautas en el acceso y atención de las personas con discapacidad

Gloria Álvarez Ramírez

ÍNDICE

INTRODUCCIÓN

Aunque, en teoría, los Medios Adecuados de Solución de Controversias (MASC) son mecanismos extrajudiciales de gestión y resolución de disputas válidos para todos, las personas con discapacidad siguen percibiéndolos como un terreno hostil. Las barreras que todavía enfrentan en el acceso a la justicia demuestran que tal premisa no se materializa con la misma intensidad para esta población que para el resto.

Hasta ahora, la inclusión de la discapacidad ha recibido poca atención en estos cauces adicionales de acceso a la justicia. La falta de conciencia y conocimiento en materia de discapacidad da lugar a servicios MASC inaccesibles o inadecuados, al no tenerse en cuenta las necesidades particulares derivadas de la discapacidad.

La reciente entrada en vigor de la Ley Orgánica 1/2025, de 2 de enero, de medidas en materia de eficiencia del Servicio Público de Justicia —que establece como obligatorio el uso previo de los MASC antes de presentar demandas en los ámbitos civil y mercantil— constituye una oportunidad clave para impulsar la inclusión de la discapacidad en el sistema de Justicia.

Al hilo del protagonismo alcanzado por los MASC con la nueva legislación, esta obra se presenta como una herramienta práctica para apoyar a los operadores de gestión y resolución de conflictos, orientándolos en el diseño e implementación de MASC que garanticen el respeto de los derechos de las personas con discapacidad y su participación efectiva.

Asegurar unos MASC inclusivos no es solo una prioridad para reducir la brecha de desigualdad en el acceso a la justicia que afecta a las personas con discapacidad en comparación con las demás, sino que es, además, una cuestión de derechos humanos. Toda persona —incluidas las personas con discapacidad— tienen el derecho a obtener protección, reparación y disfrute efectivo de los demás derechos y libertades, en igualdad de condiciones. Así mismo, se trata de un asunto de desarrollo sostenible, ya que la equidad en el acceso a la justicia, a través de cualquier medio, es un mandato esencial para la gobernanza democrática y el Estado de derecho, así como para combatir la desigualdad y la exclusión.

OBJETIVOS, DESTINATARIOS, ESTRUCTURA

Objetivos

Esta obra persigue varios objetivos dentro de su propósito principal: plantear criterios y pautas concretas que garanticen el acceso igualitario y la participación efectiva de las personas con discapacidad en los MASC.

En primer lugar, pretende informar sobre las barreras en el acceso a la justicia que enfrentan las personas con discapacidad en nuestro país.

En segundo lugar, busca difundir entre las personas con discapacidad y sus familias la utilidad de los MASC como cauces adicionales y válidos para el reconocimiento y ejercicio de sus derechos.

En tercer lugar, aspira a que los operadores de MASC desplieguen intervenciones inclusivas acordes con los valores de igualdad de oportunidades, accesibilidad y potenciación de la autonomía personal.

En cuarto lugar, quiere sensibilizar a los tomadores de decisiones en el sector de la justicia para que adopten medidas inclusivas que mejoren el acceso a los MASC de las personas con discapacidad.

Por último, se propone estimular la participación y colaboración de todos los operadores jurídicos —ya sean creadores, intérpretes, consultores o aplicadores del Derecho—, así como de las organizaciones de la discapacidad, a fin de que aboguen por la implementación de los criterios y pautas recogidas en este documento.

Destinatarios

Los destinatarios principales de esta obra son los operadores de gestión y resolución de conflictos en su labor con casos que involucran a personas con discapacidad. También está concebida como un recurso para otros agentes que apoyan la labor de los MASC, para las partes que acceden a los MASC para resolver sus desencuentros, para la sociedad civil organizada y otros interesados.

Estructura

La obra está diseñada como una guía práctica, estructurada en cuatro capítulos, precedidos de un bloque preliminar que contiene la introducción, los objetivos y destinatarios.

El primer capítulo expone el marco de protección de la discapacidad en el acceso a la justicia y analiza los desafíos a los que se enfrentan las personas con discapacidad al intentar acceder y participar en MASC.

El segundo capítulo hace hincapié en la necesidad de comprender la realidad de la discapacidad para brindar servicios MASC inclusivos y expone los beneficios de estos mecanismos.

El tercer capítulo, central de esta obra, plantea criterios esenciales y pautas concretas para diseñar y ofertar MASC inclusivos.

El cuarto capítulo identifica algunos ámbitos en los que los MASC pueden utilizarse para tutelar los derechos de las personas con discapacidad.

CAPÍTULO I. DISCAPACIDAD Y JUSTICIA

1. Discapacidad, una realidad en aumento.

2. Datos generales de las personas con discapacidad en España.

3. Barreras en el acceso a la justicia de las personas con discapacidad.
   - Barreras económicas.
   - Barreras físicas.
   - Barreras en el transporte.
   - Barreras territoriales.
   - Barreras de comunicación.
   - Barreras de información, orientación y asesoramiento.
   - Capacitismo.
   - Falta de formación de los operadores de justicia.
   - Inaplicación de la interseccionalidad y el enfoque de género.
4. Nuevos paradigmas desde modelos de derechos y de eficiencia.
   - Modelo de discapacidad basado en los derechos humanos.
   - Modelo de justicia inclusiva.
5. Marco de protección de la discapacidad en el acceso a la justicia.
   - Convención Internacional sobre los Derechos de las Personas con Discapacidad.
   - Principios y directrices internacionales sobre el acceso a la justicia para las personas con discapacidad.
   - Protección constitucional.
   - Marco legal.

1. Discapacidad, una realidad en aumento

Los datos emergentes muestran que en España la sobrevenida es ya la principal forma de acceso a la situación de discapacidad, rebasando significativamente a la originaria o congénita.

La Encuesta de Discapacidad, Autonomía Personal y situaciones de Dependencia (EDAD) es considerada la estadística oficial más completa y representativa sobre discapacidad en España. La última edición se realizó en dos etapas: en 2020, se llevó a cabo una encuesta dirigida a la población residente en hogares. En 2023, se llevó a cabo una segunda fase orientada a personas residentes en centros (residencias de mayores, centros de discapacidad, hospitales de larga estancia y viviendas tuteladas).

Según la EDAD-Centros 2023, ese año 357 894 residentes en centros tenían alguna discapacidad, lo que representa el 94,7 % del total de residentes en estos establecimientos. Del total de personas con discapacidad en centros: un 84 % vivía en residencias para personas mayores, un 10 % en centros específicos para personas con discapacidad, un 2 % en viviendas tuteladas y un 4 % en hospitales. El 65 % del colectivo con discapacidad en centros tenía 80 o más años, el 20 % tenía entre 65 y 79 años y el 15 % tenía entre 6 y 64 años (OED, Nota de Prensa EDAD Centros, 2023:1).

Por su parte, la EDAD Hogares 2020 estimó que 4,38 millones de personas con discapacidad residen en domicilios familiares en nuestro país (9,5 % de la población en España). Esta cifra supone un aumento de la población con discapacidad del 14,0 % con respecto a la EDAD2008, lo que equivale a afirmar que el número de personas con alguna discapacidad en hogares españoles ha aumentado en 536 000 desde la anterior encuesta.

Según la EDAD2020, la discapacidad en la población española se focaliza en las mujeres y en las personas de edad avanzada. Del total de personas con discapacidad que registra la Encuesta, el 59,9 % son mayores de 65 años (el 20 % supera los 84 años). La proporción que suponen las personas mayores de 65 años sobre el total de las personas con discapacidad es significativamente más alta en el caso de las mujeres (65,9 %) que en el de los varones (51,5 %). No obstante, según los datos del INE, los grupos de edad en los que más se ha incrementado la discapacidad desde 2008 son las edades jóvenes e infantiles entre 6 y 24 años (OED, 2022: 71).

Las estimaciones que proporciona la EDAD2020 deben ser tomadas con cautela, ya que la discapacidad aumenta constantemente debido a condiciones demográficas y epidemiológicas cambiantes. El envejecimiento de la población, el incremento de la prevalencia de enfermedades crónicas no transmisibles, las enfermedades raras, el Daño Cerebral Adquirido, las enfermedades neurodegenerativas, los trastornos mentales, las lesiones como resultado de accidentes de tráfico o conflictos, o los desastres naturales, son factores que están contribuyendo a incrementar el número de personas con discapacidad. Así que, las tendencias al alza de la discapacidad sobrevenida se esperan que continúen y hasta se intensifiquen en las próximas décadas (CERMI, 2025:21).

2. Datos generales de las personas con discapacidad en España

La discapacidad en España presenta un panorama complejo y desafiante. A pesar de los avances, aún persisten múltiples retos para garantizar la inclusión, el bienestar y los derechos de las personas con discapacidad.

El Sistema de Indicadores del Observatorio Estatal de la Discapacidad sobre Inclusión Social de las Personas con Discapacidad 2023 advierte que, en 20 de los 25 indicadores calculados —distribuidos en tres ejes de exclusión: situación económica, acceso a derechos de ciudadanía e integración social—, las personas con discapacidad presentan una situación más desfavorable que la población general. (OED, 2023: 31).

Algunos datos que evidencian la situación de exclusión y las brechas considerables que enfrenta la población con discapacidad en comparación con el resto de población son los siguientes:

- El 32,9 % de las personas con discapacidad en España se encuentra en riesgo de pobreza y/o exclusión social, frente al 22,1 % de la población sin discapacidad.

- En 2024, un 20,2 % de las personas con discapacidad vivía en hogares con baja intensidad laboral, frente al 6,4 % de quienes no tienen discapacidad.
- Solo el 10,4 % de las personas con discapacidad está empleada; el 21.1 % se encuentra en desempleo y el 28,9 % está inactiva.
- Las personas con discapacidad presentan sistemáticamente niveles de estudios inferiores que el total de la población española. En la categoría de estudios básicos e inferior (personas no saben leer ni escribir, tienen estudios primarios incompletos, estudios primarios o equivalentes y educación secundaria obligatoria de primera etapa), hay una diferencia de prácticamente un 28 % entre ambos colectivos. En los estudios secundarios (Bachillerato y FP de grado medio) ocurre lo mismo, aunque la diferencia es sustantivamente menor (8,5 %). En los estudios superiores (FP superior o estudios universitarios o equivalentes), la diferencia es de un 19,5 %.
- Las personas con discapacidad presentan peores condiciones residenciales y sus viviendas necesitan reparaciones importantes en mayor medida.
- El 70 % de los inmuebles de España de propiedad horizontal son inaccesibles, lo que supone que 100 mil personas con discapacidad y mayores con problemas de movilidad no puedan salir de sus viviendas.
- La soledad no deseada es un fenómeno social de extraordinaria magnitud, con un impacto desmedido en las personas con discapacidad, que se agudiza en las fases de envejecimiento.
- Las personas con discapacidad tienen 1,5 veces mayor riesgo de sufrir violencia que las personas sin discapacidad, siendo tales riesgos mayores para las personas con discapacidad intelectual o del desarrollo.
- La violencia de todo tipo se recrudece en las mujeres, niños y niñas con discapacidad que pueden ser víctimas de violencia física y explotación sexual, de violencia emocional y psicológica.

3. Barreras en el acceso a la justicia de las personas con discapacidad

El acceso a la justicia es un derecho humano fundamental y desempeña un papel clave para el disfrute efectivo de los demás derechos y libertades. Para que los derechos sean efectivos, deben poder hacerse valer, y las personas tienen el derecho de recurrir a la justicia por actos que impidan, restrinjan, vulneren o violen el ejercicio de otros derechos. En este sentido, el acceso a la justica representa una dimensión esencial de todo Estado democrático de derecho.

Sin embargo, en la práctica, muchas personas con discapacidad enfrentan importantes obstáculos para acceder a la justicia en igualdad de condiciones con las demás. Estos obstáculos están estrechamente vinculados a hechos de violencia y discriminación, así como al desconocimiento de la discapacidad como parte de la condición humana. Tales problemas reflejan el desarrollo social que hemos tenido como sociedad y en el que permanecen estereotipos, prejuicios y creencias culturales que permean todos los escenarios incluidos aquellos de prestación de servicios de justicia.

Las barreras de acceso a la justicia para las personas con discapacidad pueden condensarse de la siguiente manera:

- Barreras económicas: Relacionada con la falta de recursos económicos, es una de las barreras más evidentes para acceder a la justicia. Los altos costos asociados a los servicios legales, a los trámites judiciales y demás procedimientos para obtener respuesta a sus necesidades jurídicas hacen que muchas personas no puedan costearlos. Esta barrera afecta de manera desproporcionada a las personas en situación de vulnerabilidad, entre ellos las personas con discapacidad, quienes suelen tener ingresos más bajos y menos acceso a recursos financieros.

- Barreras físicas: Incluyen obstáculos arquitectónicos y urbanísticos estructurales, así como servicios que no fueron diseñados considerando las necesidades de accesibilidad. La ausencia de rampas, ascensores o sistemas de señalización en instalaciones de la administración de justicia dificulta los desplazamientos de las personas con discapacidad física.
Además, la falta de mobiliario ergonómico (sillas, productos de apoyo y otros equipos) implica que no sean cómodos y funcionales para personas con diferentes necesidades.

- Barreras en el transporte: Se deben a la falta de transporte accesible y adecuado hacia y desde las instalaciones de administración de justicia. A pesar de los avances significativos en materia de accesibilidad universal en el transporte, muchas personas con discapacidad aún lidian con la falta de soluciones inclusivas, el mal mantenimiento de los sistemas existentes y la escasa formación del personal que debería garantizar y favorecer la seguridad.

- Barreras territoriales: Son aquellos obstáculos dados por circunstancias geográficas, que impiden el acceso físico de quienes viven en zonas alejadas de los centros o servicios del sector justicia. Las personas con discapacidad residentes en zonas rurales presentan una situación de especial desventaja debido a las propias circunstancias del hábitat, a la falta de infraestructuras de calidad, las dificultades de transporte, y a la invisibilidad asociada a sesgos negativos de la discapacidad que perdura en el medio rural.

- Barreras de comunicación: Refieren a las que experimentan las personas que tienen discapacidades que afectan la audición, el habla, la lectura, la escritura o la capacidad cognitiva y que usan maneras de comunicarse diferentes a las utilizadas por quienes no tienen estas discapacidades. Estos obstáculos limitan su capacidad para comunicarse y participar plenamente en cualquier proceso de resolución de controversias.

- Barreras de información, orientación y asesoramiento: Muchas personas con discapacidad desconocen sus derechos y las implicaciones de su vulneración, debido a que ignoran los instrumentos judiciales y extrajudiciales que tiene al alcance para su reivindicación y defensa.
La insuficiente información, orientación y asesoramiento, sumada a la ausencia de accesibilidad de la misma, limita la capacidad de las personas con discapacidad para ejercer el derecho a la justicia de forma efectiva y real.

- Capacitismo: Este sistema de opresión, que considera la discapacidad como una condición inferior y califica a las personas con discapacidad como inferiores, también está presente en los sistemas de administración de justicia. Esta estructura mental de discriminación y exclusión de las personas con discapacidad opera de diversas formas. A menudo lo hace desde un paternalismo que ignora o anula las capacidades de las personas con discapacidad, considerándolas como no dignas o que no pueden beneficiarse de las garantías procesales que se ofrecen al resto de ciudadanos, o incluso que éstas pueden resultarles perjudiciales. Asimismo, se hace uso de un lenguaje —consciente o inconsciente— discriminatorio, estereotipado y revictimizante que incluye presunciones capacitistas en cuanto a la calidad de vida de las personas con discapacidad.

Todas estas creencias invisibilizan a las personas con discapacidad al no atenderse sus reivindicaciones para que se reconozcan sus derechos, puesto que subyace un desequilibrio de poder que invalida su experiencia de vida. Sus narraciones se consideran subjetivas e inadecuadas para orientar una adopción de decisiones objetiva y, por lo tanto, no se les proporciona el espacio necesario para que se tengan debidamente en cuenta sus demandas jurídicas.

- Falta de formación de los operadores de justicia: La discapacidad no está del todo integrada en las estrategias y programas en el ámbito de justicia en los planes de estudios de carreras relacionadas con el derecho. Esto incide en la falta de formación de los operadores de justicia y del personal profesional de apoyo que carecen de conocimientos del marco normativo y las políticas de los derechos de la población con discapacidad, así como de las directrices sobre inclusión de la discapacidad en los servicios de justicia. Por consiguiente, no están preparados para prestar a las personas con discapacidad servicios adecuados que posibiliten su pleno disfrute del derecho de acceso a la justicia.

- Inaplicación de la interseccionalidad y el enfoque de género: La intersección de la discapacidad con otros factores como el género, la edad o la ruralidad, entre otros, produce un mayor nivel de vulnerabilidad de la persona en sus necesidades jurídicas y en sus posibilidades de acceder a la justicia. Sin embargo, esta exponencial discriminación no es tenida en cuenta por los operadores de justicia y sus equipos de trabajo.

4. Nuevos modelos de discapacidad y justicia

El binomio discapacidad-justicia solo se entiende a partir de dos cambios de paradigma. El primero se refiere a las manifestaciones jurídicas y sociales que han permitido que la discapacidad sea considerada actualmente como un asunto de relevancia jurídica. El segundo está relacionado con los avances para hacer realidad una justicia eficiente, accesible, y sostenible. Sin estos importantes procesos de transformación, los Medios Adecuados de Resolución de Conflictos (MASC), como mecanismos válidos de acceso a la justicia por parte de las personas con discapacidad, no tendrían posibilidad de ser planteados con éxito.

• Modelo de discapacidad basado en los derechos humanos

La realidad de las personas con discapacidad se ha redefinido en las últimas décadas. Su creciente visibilidad y presencia social derivan de un trascendental cambio de perspectiva en su concepción y tratamiento, que ha evolucionado desde una visión médica y asistencial hacia una más inclusiva y social.

Este nuevo paradigma queda plasmado en la Convención Internacional sobre los Derechos de las Personas con Discapacidad (en adelante CDPD), aprobada por Naciones Unidas en 2006. La CDPD constituye el primer tratado internacional jurídicamente vinculante sobre derechos humanos de las personas con discapacidad y representa una transformación de los enfoques tradicionales de entender la discapacidad —basados en creencias religiosas, la caridad o percepciones médicas— hacia una estrategia cimentada en los derechos humanos, la igualdad de oportunidades y la ciudadanía de pleno derecho.

Este renovado modelo interpreta que la discapacidad no es el efecto de la deficiencia, sino es el resultado de una sociedad que limita e impide que las personas con discapacidad se incluyan, decidan o diseñen con autonomía su propio plan de vida en igualdad de oportunidades con el resto de personas.

La perspectiva de derechos que incorpora la CDPD significa que las personas con discapacidad son auténticos sujetos plenos y activos de derechos, y que es necesario eliminar los obstáculos que impiden su inclusión y participación en la sociedad.

Este enfoque conlleva varias exigencias. La primera es situar a las personas en el centro, lo que supone reconocer su autonomía personal, así como el derecho que tienen a su libre desarrollo de personalidad y a elegir libremente cómo vivir. Además, este modelo prohíbe toda forma de discriminación por motivos de discapacidad, promueve la igualdad de oportunidades y prioriza la accesibilidad universal como condición previa necesaria para que las personas con discapacidad puedan ejercer plenamente los derechos y libertades en igualdad de condiciones con los demás.

• Modelo de justicia inclusiva

Una de las funciones esenciales del Estado de Derecho es la garantía del acceso a la justicia —o tutela judicial efectiva, según terminología de la Constitución Española— respecto de los derechos de los ciudadanos, tal y como consagra el artículo 24 de la Carta Magna. Esta disposición no solo apunta a un simple acceso, sino también a que sea de justicia efectiva. Tan esencial es el derecho de acceso como el derecho a obtener una tutela eficaz de las pretensiones planteadas.

Una de las consecuencias que necesariamente se derivan de la expresa referencia constitucional a que la tutela sea eficaz es que el sistema de justicia debe integrar, junto a la vía jurisdiccional, otros medios eficaces que permitan resolver un conflicto de relevancia jurídica que, además de poseer las garantías propias del derecho a un proceso equitativo, permitan la celeridad y eficacia del proceso y la resolución de los asuntos dentro de un plazo razonable.

Asimismo, para que el derecho de acceso a la justicia sea efectivo, lo relevante es el reconocimiento del derecho en condiciones que permitan su pleno ejercicio. Desde esta perspectiva —moldeada por nuevos paradigmas de acceso a la justicia vinculados a la participación, la inclusión y el género—, deben implementarse las medidas necesarias para que el acceso pueda realizarse por todas las personas en condiciones de igualdad.

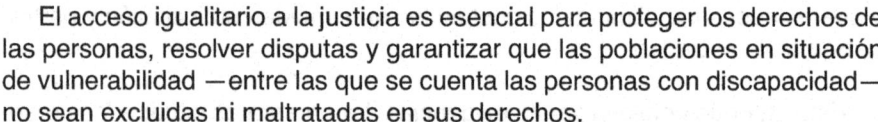

El acceso igualitario a la justicia es esencial para proteger los derechos de las personas, resolver disputas y garantizar que las poblaciones en situación de vulnerabilidad —entre las que se cuenta las personas con discapacidad— no sean excluidas ni maltratadas en sus derechos.

Este nuevo paradigma de justicia se ajusta así al marco más amplio de los derechos humanos. Se trata de una justicia moderna, accesible y eficiente, adaptada a las necesidades de una sociedad más compleja y diversa. Busca no solo garantizar el acceso de todas las personas a la justicia, sino también fomentar una cultura de diálogo y crear instituciones eficaces, responsables e inclusivas a todos los niveles.

5. Marco de garantías para el acceso a la justicia de las personas con discapacidad

El aseguramiento del derecho de acceso a la justicia en su concepción amplia para las personas con discapacidad se plasma en diferentes instrumentos internacionales y nacionales.

• Convención Internacional sobre los Derechos de las Personas con Discapacidad

Si bien existen múltiples instrumentos internacionales que abordan los derechos de la población con discapacidad, la protección de las personas con discapacidad se ha concretado con la aprobación de la Convención Internacional sobre los Derechos Humanos de las Personas con Discapacidad (en adelante CDPD).

La CDPD, más su Protocolo Facultativo, ha sido firmada y ratificada por España[1]. Esto implica que, desde el 3 de mayo de 2008, forma parte del ordenamiento interno. En consecuencia, los derechos y libertades fundamentales de las personas con discapacidad reconocidos en nuestra Constitución deberán interpretarse de conformidad con los principios y derechos reconoci-

---

[1] Instrumento de Ratificación de la Convención sobre los Derechos de las Personas con Discapacidad. BOE núm. 96, de 21 de abril de 2008.

dos en la Convención. Asimismo, toda la normativa española que se refiera a materias tratadas en la CDPD deberá adaptarse al referido instrumento internacional y, si no pudiera interpretarse de acuerdo con la Convención, deberá ser objeto de la oportuna reforma.

El enfoque de derechos que incorpora la CDPD —como ya ha sido mencionado—supone que las personas con discapacidad son y, por tanto, deben ser tratadas como auténticos sujetos plenos y activos de derechos. En esta línea, resulta indispensable eliminar las barreras a su inclusión y participación en la sociedad. Por ello, los preceptos de la CDPD son un mandato expreso para que los Estados eliminen de sus regulaciones cualquier forma de discriminación basada en la discapacidad, de manera que esta no pueda ser utilizada como argumento para impedir el pleno disfrute o ejercicio de los derechos.

De acuerdo con el artículo 13 de la CDPD, rubricado *Acceso a la justicia,* los Estados deben asegurar el empleo de todos aquellos medios que sean necesarios para garantizar que las personas con discapacidad puedan acceder a la justicia en igualdad de condiciones y circunstancias con el resto de los ciudadanos, y en los diferentes roles o papeles que pueden coexistir en la Administración de Justicia.

La aplicación de este artículo supone que toda actuación de los operadores jurídicos en cualquier procedimiento en que intervengan personas con discapacidad debe articularse sobre la base del principio de igualdad en la diferencia. Derechos esenciales —como los de accesibilidad, información, intimidad e imagen, etcétera—, reconocidos para todos los usuarios de la Administración de Justicia, deberán respetarse también con relación a las personas con discapacidad, llevando a cabo las adaptaciones que sean necesarias para que dichos derechos sean efectivos. Además, la inmediata y directa aplicación del artículo 13 de la Convención permite a los operadores jurídicos demandar las adaptaciones necesarias para que se garanticen efectivamente los referidos derechos, y a los órganos que imparten justicia adoptar las decisiones que sean precisas para la efectividad de los mismos.

La CDPD exige, por tanto, un cambio cultural por parte de los operadores jurídicos, así como un esfuerzo de todos para procurar su efectiva aplicación.

Esto puede lograrse completando las lagunas del ordenamiento jurídico con el propio texto de la Convención, interpretando e implementando las disposiciones normativas vigentes de conformidad con la CDPD, o reclamando los cambios normativos y prácticos necesarios para adaptar la legislación vigente a la Convención.

· Principios y directrices internacionales sobre el acceso a la justicia para las personas con discapacidad

Constituye un manual práctico que tiene como objetivo apoyar a los Estados en el diseño e implementación de sistemas de justicia que garanticen un acceso igualitario a la justicia para las personas con discapacidad, en línea con la CDPD y demás normas internacionales de derechos humanos.

El documento describe 10 principios de acceso a la justicia para las personas con discapacidad y detalla las medidas de aplicación de cada una de ellas.

1. Todas las personas con discapacidad tienen capacidad jurídica y, por lo tanto, a nadie se le negará el acceso a la justicia por motivos de discapacidad.
2. Las instalaciones y servicios deben ser universalmente accesibles para garantizar la igualdad de acceso a la justicia sin discriminación.
3. Las personas con discapacidad, incluidos los niños y las niñas, tienen derecho a ajustes de procedimiento adecuados.
4. Las personas con discapacidad tienen derecho a acceder a la información y las notificaciones legales en el momento oportuno y de manera accesible en igualdad de condiciones con las demás.
5. Las personas con discapacidad tienen derecho a todas las salvaguardias sustantivas y de procedimiento reconocidas en el derecho internacional en igualdad de condiciones con las demás y los Estados deben realizar los ajustes necesarios para garantizar el debido proceso.
6. Las personas con discapacidad tienen derecho a asistencia jurídica gratuita o a un precio asequible.
7. Las personas con discapacidad tienen derecho a participar en la administración de justicia en igualdad de condiciones con las demás.
8. Las personas con discapacidad tienen derecho a presentar denuncias e iniciar procedimientos legales en relación con delitos contra los dere-

chos humanos y violaciones de los mismos, a que se investiguen sus denuncias y a que se les proporcionen recursos efectivos.

9. Los mecanismos de vigilancia sólidos y eficaces tienen un papel fundamental de apoyo al acceso a la justicia de las personas con discapacidad.

10. Deben proporcionarse programas de sensibilización y formación sobre los derechos de las personas con discapacidad, particularmente en relación con su acceso a la justicia, a todos los trabajadores del sistema de justicia.

• Protección constitucional

La reforma del artículo 49 de la Constitución Española, que sustituye la antigua terminología por la expresión "personas con discapacidad", hace hincapié en los derechos y los deberes de los que son titulares las personas con discapacidad como ciudadanos libres e iguales, basándose en el paradigma de derechos humanos que surge con la Convención Internacional sobre los Derechos de las Personas con Discapacidad de 2006.

La norma constitucional impone obligaciones a los poderes públicos, con el fin de asegurar la plena autonomía personal y la inclusión social de las personas con discapacidad en entornos universalmente accesibles.

Los deberes que emanan del artículo 49 conectan de manera inequívoca con el derecho de acceso a la justicia de las personas con discapacidad, entendido como la posibilidad de buscar y obtener un recurso a través de instituciones de justicia —ya sean formales o informales— para exigir el reconocimiento y la protección de sus derechos.

• Marco legal

Aunque existen múltiples retos pendientes para garantizar la inclusión, el bienestar y los derechos de las personas con discapacidad y luchar para eliminar las barreras que aún perduran, la legislación sobre protección de la discapacidad en España ha experimentado un cambio significativo en los últimos años para adaptarse a los mandatos de la CDPD.

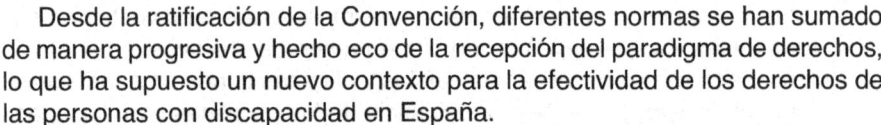

Desde la ratificación de la Convención, diferentes normas se han sumado de manera progresiva y hecho eco de la recepción del paradigma de derechos, lo que ha supuesto un nuevo contexto para la efectividad de los derechos de las personas con discapacidad en España.

En este sentido, la Ley General de los derechos de las personas con discapacidad y su inclusión social se erige como la norma de referencia. Esta ley reconoce a las personas con discapacidad como titulares de una serie de derechos y a los poderes públicos como los garantes del cumplimiento de dichos derechos. Dentro de sus ámbitos de aplicación se incluye la Administración de Justicia.

Aprobada por el Real Decreto Legislativo 1/2013 de 29 de noviembre, esta ley refunde y armoniza en un único texto las principales leyes en materia de discapacidad: la antigua LISMI (Ley 13/1982, de 7 de abril, de integración social de las personas con discapacidad), la LIONDAU (Ley 51/2003, de 2 de diciembre, de igualdad de oportunidades, no discriminación y accesibilidad universal de las personas con discapacidad,) y la Ley de Infracciones y Sanciones (Ley 49/2007, de 26 de diciembre, por la que se establece el régimen de infracciones y sanciones en materia de igualdad de oportunidades, no discriminación y accesibilidad universal de las personas con discapacidad).

Dentro de las modificaciones normativas, destaca la operada a través de la Ley 8/2021, de 2 de junio, por la que se reforma la legislación civil y procesal para el apoyo a las personas con discapacidad en el ejercicio de su capacidad jurídica, la cual tiene un impacto directo y significativo en el acceso a la justicia.

Esta Ley supuso un avance trascendental en las labores de adaptación del ordenamiento jurídico español a la CDPD. Actualizó el Derecho interno en un tema tan trascendente como el respeto al derecho de igualdad de todas las personas en el ejercicio de su capacidad jurídica.

Entre las reformas introducidas por esta norma se encuentran:

- Nueva concepción de la capacidad: La capacidad se tiene por el hecho de ser persona y, por tanto, ni se puede restringir ni se puede modificar.

En este sentido, todas las personas con discapacidad tienen plena capacidad jurídica.

- Supresión de las antiguas instituciones de protección: El texto legal elimina la tutela, la patria potestad prorrogada o rehabilitada y la prodigalidad.
- Nuevas instituciones de apoyo: El nuevo sistema se fundamenta en el respeto a la autonomía de la persona para la toma de decisiones y en el apoyo para expresar su voluntad cuando ella lo precise.
- Preferencia de las medidas voluntarias: El respeto a la voluntad y a las preferencias de la persona ocupan un papel central, de manera que en el modelo de apoyos éstas siempre han de respetarse, incluso en los casos de representación subsidiaria, ya que este respeto debe ser activo y no simplemente una actitud.

CAPÍTULO II. MASC PARA LA INCLUSIÓN DE LAS PERSONAS CON DISCAPACIDAD

1. La promoción de los MASC en el ámbito de la discapacidad
2. Los MASC y las necesidades derivadas de la discapacidad
3. La importancia de MASC inclusivos
   - Contribuyen a la equidad en el acceso a la justicia de las personas con discapacidad.
   - Permiten una mayor participación e inclusión de las personas con discapacidad.
   - Constituyen un deber.
   - Benefician a otros grupos sociales.
   - Representan una inversión social.
   - Impulsan las prioridades en justicia.

1. La promoción de los MASC en el ámbito de la discapacidad

En España, la necesidad de una justicia más ágil, eficaz y accesible para cualquier persona ha impulsado en los últimos años diversas reformas dirigidas a mejorar la eficiencia del Servicio Público de Justicia. En este contexto, la Ley 1/2025, de 2 de enero, de medidas en materia de eficiencia del Servicio Público de Justicia, ha supuesto un importante avance, al consolidar el papel de los Medios Adecuados de Solución de Controversias en vía no jurisdiccional (en adelante, MASC) en nuestro ordenamiento jurídico.

Los MASC comprenden cualquier tipo de actividad negociadora a la que las partes en conflicto acuden de buena fe con el objetivo de encontrar una solución extrajudicial, ya sea por sí mismas o con la intervención de una tercera persona imparcial y neutral. La mediación, la conciliación, la negociación, el arbitraje y otras fórmulas que cumplan con los principios generales de eficacia, voluntariedad, seriedad y constancia documental se consolidan como el medio preferente para la resolución de conflictos, con el claro propósito de fomentar una justicia más eficaz, sostenible y cercana al ciudadano.

Aunque el fomento para el desarrollo y aplicación de modos alternativos para resolver disputas no es reciente, el panorama de la justicia en España ha dado un giro significativo al situar a los MASC en el centro de este cambio. Estos medios buscan otorgar un mayor protagonismo a la ciudadanía en la resolución de sus conflictos a través de soluciones pactadas, fomentando la paz social y la convivencia.

En contextos como el familiar, el escolar, el laboral o el de consumo, la práctica de la actividad negociadora —en forma de mediación, arbitraje o conciliación— tiene larga trayectoria. En varios contextos, incluso de manera informal, los MASC han sido utilizados como caminos de solución de disputas.

En el ámbito de la discapacidad, desde hace más de un par de décadas, dos de estos medios han sido particularmente promovidos: el arbitraje y la mediación.

El sistema arbitral fue adoptado con carácter principal desde 2003 para la resolución de quejas y reclamaciones en materia de igualdad de oportunidades, no discriminación y accesibilidad por razón de discapacidad. Actualmente, se recoge en el artículo 74 del Real Decreto Legislativo 1/2013, de 29 de noviembre, por el que se aprueba el Texto Refundido de la Ley General de derechos de las personas con discapacidad y de su inclusión social. Este sistema se desarrolla en el Real Decreto 1417/2006, de 1 de diciembre, que establece el sistema arbitral para la resolución de quejas y reclamaciones en materia de igualdad de oportunidades, no discriminación y accesibilidad por razón de discapacidad, en relación con ciertas materias recogidas en su artículo 2.

Por su parte, la Ley 5/2012, de 6 de julio, de mediación en asuntos civiles y mercantiles (en adelante, Ley de Mediación), que armonizó las bases de la mediación a nivel estatal, establece en su Disposición Adicional Cuarta que «los procedimientos de mediación deberán garantizar la igualdad de oportunidades para las personas con discapacidad» Para hacer efectiva dicha garantía, la propia Ley recogió dos recursos: el Real Decreto 366/2007, de 16 de marzo, por el que se establecen las condiciones de accesibilidad y no discriminación de las personas con discapacidad en sus relaciones con la Administración General del Estado, y los medios electrónicos referidos en el artículo 24 de la Ley de Mediación.

Sin embargo, antes de la promulgación de la Ley de Mediación, algunas comunidades autónomas —como el País Vasco, Cataluña y Andalucía[2]— ya contaban con normativas que incluían la posibilidad de usar la mediación en el sector de la discapacidad, tanto en los conflictos relativos a la atención y cuidados de personas en situación de dependencia como en aquellos relacionados con los procedimientos de provisión de apoyos.

Aunque estas leyes deben adecuarse a las importantes reformas introducidas tanto en el artículo 49 de la Constitución española —que implicó un cambio de terminología y una redacción renovada acorde con el modelo social y de derechos de entender la discapacidad—, como en la nueva legislación sobre apoyo a la capacidad jurídica de las personas con discapacidad contemplado en la Ley 8/2021, de 2 de junio, de reforma de la legislación civil y procesal, su importancia radica en que fueron precursoras del uso de la mediación en el ámbito de la discapacidad. Estas iniciativas abrieron el camino para avanzar en el reconocimiento de las personas con discapacidad y en el fortalecimiento de su capacidad de decisión para obtener un efectivo ejercicio de sus derechos.

2. Los MASC y las necesidades derivadas de la discapacidad

Si bien, como se ha señalado, la promoción de los MASC en el ámbito de la discapacidad —en especial, el arbitraje y la mediación— no son una novedad, constituyen una alternativa de acceso a la justicia que ha sido poco explorada por las personas con discapacidad.

---

[2] Ley 1/2008, de 8 de febrero, de Mediación Familiar del País Vasco, artículo 5.2.f); Ley 15/2009, de 22 de julio, de Mediación en el ámbito del derecho privado de la Comunidad de Cataluña, artículo 2.1.q); Ley 1/2009 de 27 de febrero reguladora de la Mediación Familiar en la Comunidad Autónoma de Andalucía, artículo 3d).

La falta de difusión de los MASC por parte de los operadores y entidades que se desenvuelven en la órbita de la justicia, sumada a la escasa financiación de servicios de orientación y asesoramiento previos a los procesos judiciales, así como a las pertinaces ideas capacitistas sobre la experiencia de vivir con discapacidad, no han permitido a las personas con discapacidad hacer un mayor uso de los MASC como opción segura y confiable para gestionar y poner fin a las controversias que son susceptibles de someterse a estos mecanismos.

Aunque, en teoría, los MASC son una herramienta válida para todos, las personas con discapacidad siguen percibiéndolos como un terreno hostil. Las barreras que todavía enfrentan en el acceso a la justicia demuestran que tal premisa no llega con la misma intensidad para esta población que para el resto de ciudadanos.

La falta de concienciación y conocimiento en materia de discapacidad genera la prestación de servicios de gestión y resolución de conflictos inadecuados, que dificultan el acceso y la participación de las personas con discapacidad al no tenerse en cuenta sus necesidades particulares derivadas de la discapacidad.

Para la comprensión de estos requerimientos es necesario enmarcar la realidad de la discapacidad, lo que supone reconocer las implicaciones que la singularidad inherente a la situación de discapacidad supone para las personas en su diario vivir.

Además de las manifestaciones comunes a cualquier conflicto, las personas con discapacidad enfrentan circunstancias específicas y necesidades concretas que deben ser atendidas. Su realidad cotidiana, personal y social está determinada por dos factores. En primer lugar, enfrentan espacios sociales insuficientemente adaptados a sus necesidades específicas, lo que limita considerablemente sus actividades diarias, sus posibilidades de relacionarse y de participar en situaciones vitales. En segundo lugar, se saben y sienten condicionadas por la representación colectiva capacitista que se atribuye a la discapacidad.

Así, por ejemplo, las personas con discapacidad visual deben desenvolverse en entornos delimitados por referencias visuales —señales, luces, anuncios, escritura, etcétera— y enfrentan además barreras urbanísticas y arquitectónicas. Las personas con discapacidad auditiva se ven obligadas a interactuar en espacios sociales sonoros (voces, ruidos de la calle, música). Las personas con discapacidad física deben afrontar obstáculos como bordillos, escaleras, aceras intransitables, puertas estrechas, etcétera, que dificultan el acceso a espacios y la circulación. Por su parte, las personas con discapacidad intelectual se enfrentan a contextos cotidianos maquillados, estéticamente perfectos, donde se espera una adaptación constante a estándares normativos.

Estos entornos, escasamente adecuados a los requerimientos derivados de la discapacidad, condicionan de forma significativa el desarrollo práctico cotidiano de las personas con discapacidad. A ello se suma la cosmovisión social que reafirma la sobrevaloración y preferencia por ciertas capacidades normativas o características típicas del cuerpo y la mente como esenciales para vivir una vida de valor.

Esta combinación de factores determina que, en un proceso de gestión y resolución de conflictos, las personas con discapacidad partan de una situación objetiva de desventaja, ya que deben enfrentar diversos desafíos que influyen en sus reacciones y comportamientos en este tipo de situaciones.

Las personas con discapacidad conforman un grupo social altamente heterogéneo, cuya diversidad se manifiesta en múltiples variantes, grados y contextos. Esta heterogeneidad se refleja en la diversidad de experiencias y necesidades que afronta esta población y que pueden ser sensoriales, físicas, cognitivas, comunicativas y emocionales. Exponerlas en su totalidad y al detalle sería una labor poco práctica. Lo verdaderamente relevante es recordar que la discapacidad resulta de la interacción entre personas con las deficiencias descritas y las barreras del entorno (inaccesibilidad física, cognitiva, sensorial, digital, en el transporte; prejuicios y estereotipos; exclusión social debido a la falta de oportunidades en educación y trabajo; políticas públicas inclusivas con resultados meramente formales; incumplimiento de la normativa inclusiva de la discapacidad) que limitan su participación plena y efectiva en la sociedad, en igualdad de condiciones con los demás.

Por lo tanto, para que la inclusión de la discapacidad en los MASC se materialice, los operadores jurídicos deben comprender y tomar en cuenta la realidad con la que conviven las personas con discapacidad todos los días. De igual manera, deben contar con los recursos adecuados para garantizar que los espacios, servicios y cualquier procedimiento vinculado a los MASC proporcionen las condiciones necesarias que permitan su participación activa, en igualdad de condiciones con el resto de ciudadanos.

3. La importancia de MASC inclusivos

Asegurar unos MASC inclusivos es una prioridad, no solo porque contribuye a reducir la brecha de desigualdad en el acceso a la justicia que afecta a la población con discapacidad en comparación con el resto de población, sino también porque es una cuestión de derechos humanos. El acceso a la justicia es un derecho humano fundamental que debe garantizar a toda persona —incluidas las personas con discapacidad— la posibilidad de obtener protección, reparación y disfrute efectivo de los demás derechos y libertades, en igualdad de condiciones. Además, es un asunto de desarrollo sostenible, ya que la equidad en el acceso a la justicia, a través de cualquier medio, es un mandato esencial para la gobernanza democrática y el Estado de derecho, así como para combatir la desigualdad y la exclusión. Por ello, garantizar la inclusión de las personas con discapacidad en los MASC no solo trae ventajas a este grupo social, sino que redunda en beneficio de la sociedad en general.

Existen al menos seis razones clave que justifican la necesidad de implementar MASC inclusivos de la discapacidad.

1. Contribuyen a la equidad en el acceso a la justicia de las personas con discapacidad

Todos los métodos de solución de conflictos deben seguir los principios necesarios para lograr la impartición de justicia y la resolución de conflictos: igualdad de las partes, respeto a la dignidad humana y la garantía de un proceso equitativo y transparente. Estos principios son esenciales para garantizar la justicia y la protección de los derechos humanos, evitando cualquier forma de discriminación o privilegio injustificado.

Sin embargo, existen diferencias en la aplicación de estos principios que generan desigualdades en el acceso a la justicia entre las personas con discapacidad y el resto de personas. Estas diferencias están vinculadas con factores injustos y poco equitativos que se pueden prevenir.

Estos factores, que en muchos casos tienen un marcado componente socioeconómico, son variados. Algunos de ellos se relacionan con actitudes y creencias capacitistas de los operadores de justicia y del personal profesional de apoyo. Otros se asocian con información y comunicación poco clara, accesible y comprensible, o con dificultades para acceder a instalaciones de la administración de justicia debido a entornos y transporte inaccesibles. En cualquier caso, se trata de condicionantes injustos que afectan de manera desproporcionada a las personas con discapacidad y que se pueden evitar.

Las inequidades en el acceso a la justicia plantean, no solo preocupaciones éticas, sino que incluso son sancionables conforme al derecho internacional y a los instrumentos jurídicos nacionales. Desde una perspectiva de derechos humanos, deben ser rechazadas, puesto que impiden a las personas con discapacidad ejercer plenamente el derecho fundamental de acceso a la justicia.

Para las mujeres y hombres con discapacidad, este derecho se puede mejorar a través de intervenciones de MASC inclusivas, que se brinden de manera equitativa y que corrijan las limitaciones producidas por las barreras del entorno.

2. Permiten una mayor participación e inclusión de las personas con discapacidad

El campo de los MASC —caracterizado por su flexibilidad, agilidad y, principalmente, por exigir la participación voluntaria, libre y autónoma de las partes— constituye un cauce válido y adicional para fomentar la inclusión de las personas con discapacidad.

Al proporcionar una plataforma para la comunicación, la colaboración y la toma de decisiones conjunta, el campo de los MASC favorece la participación de las personas con discapacidad. Su propia naturaleza, que procura la igualdad de oportunidades para todas las partes, impulsa el empoderamiento como herramienta para gestionar el conflicto. Este enfoque resulta fundamental para la persona con discapacidad al incrementar su seguridad, visión y protagonismo.

Además, dado que la justicia es un derecho que permite el acceso a otros derechos, la participación activa de las personas con discapacidad en los MASC también les reviste de confianza y autonomía para acceder a las diferentes estructuras (empleo, educación, ocio, etcétera), a fin de desarrollarse personal y participar activamente en la sociedad.

3. Es un deber

Con la ratificación por parte de España de la Convención de las Naciones Unidas sobre los Derechos de las personas con discapacidad, reflejada en el marco constitucional y legal nacional vigente en materia de discapacidad, surge tanto para el estado español como para la sociedad en general, el deber de garantizar que las personas con discapacidad gocen de los mismos derechos, servicios y oportunidades que las demás.

En este marco, sobresalen compromisos ligados a la concreción de los derechos a través del acceso a la justicia, como una vía para asegurar la igualdad y la no discriminación en todos los ámbitos de desarrollo de la persona con discapacidad. Es por ello que los operadores de justicia tienen el deber de generar condiciones de inclusión y de corregir las inequidades existentes en materia de acceso a la justicia.

En su aplicación, el sistema de justicia —conformado también por los medios alternativos o complementarios de justicia— debe tener presente y abordar la naturaleza múltiple e interseccional de la discriminación en el acceso a la justicia.

4. Beneficia a otros grupos sociales

El énfasis actual sobre la plena inclusión de las personas con discapacidad y la lucha contra la discriminación sienta los cimientos para el desarrollo de una justicia más inclusiva, que debe alcanzar a otras poblaciones en situación de vulnerabilidad, exclusión o discriminación, como las personas mayores, mujeres, migrantes, solicitantes de asilo y refugiados, personas en riesgo de pobreza, entre otros.

Estos son grupos que, a menudo, experimentan restricciones en el ejercicio de su derecho de acceso a la justicia de modo similar a la población con discapacidad. Estigmatización por parte de los operadores jurídicos, falta de accesibilidad o dificultades financieras para acceder a servicios de justicia son obstáculos que discriminan a diversos grupos de usuarios de estos servicios. En consecuencia, estos segmentos de población también pueden beneficiarse de MASC con enfoques centrados en la eliminación de barreras persistentes, como aquellas que históricamente han afectado a las personas con discapacidad.

5. Es una inversión social

Invertir en MASC inclusivos al tiempo que mejora la equidad social, genera prosperidad y una cultura de paz y diálogo.

El acceso a la justicia a través de los MASC permite que las partes involucradas en el conflicto tomen el control y decidan la solución que les resulte más efectiva. Al promover el diálogo y el entendimiento mutuo, los MASC contribuyen a la construcción de una cultura de paz y respeto a los derechos humanos. Promover espacios de encuentro seguros, respetuosos e igualitarios, donde todas las personas —independientemente de sus condiciones o circunstancias personales— expresen sus preocupaciones y participen, fortalece su cohesión social. Eso es inclusión.

Asimismo, las prácticas y estructuras en justicia que permiten la diversidad de voces promueven un tejido social integrado que, a la postre, genera prosperidad. Esto es así, porque la visión de desarrollo sostenible incluye una visión política de la justicia que destaca por su equidad para lograr el desarrollo humano. En este sentido, el ODS16 de la Agenda 2030 titulado: «Paz, Justicia e Instituciones Sólidas» pretende promover sociedades pacíficas e inclusivas. Mejorar la justicia es un fin en sí mismo, un objetivo fundamental del desarrollo económico. Pero, además, es un medio para lograr los restantes ODS relacionados con la reducción de la pobreza y con el crecimiento económico.

6. Impulsa las prioridades en justicia

Uno de los ejes de los recientes procesos de reforma y modernización de la administración de la justicia en España ha sido apoyar más en la sensibilización y capacitación en acceso a la justicia con enfoque de derechos humanos. En este sentido, la justicia se transforma progresivamente en un escenario de plena inclusión, donde los operadores de justicia se apropien del trato y comportamiento con que deben servir y proteger los derechos de las personas con discapacidad.

Hablar de justicia inclusiva implica reconocer y eliminar los sesgos, las barreras actitudinales, asegurar los ajustes razonables y la accesibilidad necesaria para que las personas con discapacidad puedan tener una participación real y efectiva en todos los procesos legales, sin importar el foro o el procedimiento de solución de controversias que se utilicen.

Por consiguiente, los MASC se encuentran dentro de este marco de acción que brinda una comprensión de la justicia como un ecosistema de garantía, esencial para la construcción de paz, de inclusión y de combate frontal a la discriminación o exclusión por motivos de discapacidad.

CAPÍTULO III. CRITERIOS Y PAUTAS EN EL ACCESO Y ATENCIÓN DE LAS PERSONAS CON DISCAPACIDAD

1. La exigencia de criterios de inclusión de la discapacidad en los MASC.
2. Criterios para MASC inclusivos.
   Criterio 1: Transformar las percepciones.
   Criterio 2: Comunicación y trato como instrumentos de inclusión.
   Criterio 3: Accesibilidad universal, diseño para todos y ajustes razonables.
   Criterio 4: Apoyo para la toma de decisiones.
3. Pautas para diseñar protocolos de atención inclusiva en los MASC
   - Pautas generales
   - Pautas de valoración y previsión de necesidades
   - Pautas de información
   - Pautas en el asesoramiento sobre opciones de MASC
   - Pautas para el desarrollo del MASC
   - Pautas de cumplimiento y seguimiento

1. La exigencia de criterios de inclusión de la discapacidad en los MASC

Desde el enfoque de los derechos humanos, quienes, en el ámbito de la justicia —concretamente en los MASC—, aborden cuestiones relativas a la discapacidad o presten servicios a personas con discapacidad, deberán hacerlo desde esta perspectiva. Esto implica apreciar a la persona con discapacidad como sujeto de derechos, identificar en todo caso los obstáculos que limiten el ejercicio y disfrute del derecho de acceso a la justicia a través del MASC y proveer las medidas que aseguren su igualdad material.

La incorporación de criterios de inclusión de la discapacidad en los MASC no solo debe ser entendido como la búsqueda para hacer efectivo el derecho a la igualdad en el acceso a la justicia, sino que su incumplimiento está expresamente calificado como discriminatorio en la Convención sobre los Derechos de las Personas con Discapacidad, tratado internacional ratificado por España y, por consiguiente, mandatorio. La necesidad de garantizar MASC inclusivos de la discapacidad responde también a una demanda de la Constitución española y de la normatividad nacional vigente en derechos humanos, en particular en lo relativo a la no discriminación por razón de discapacidad y a la aplicación de la igualdad, que permite hacer visibles las diferencias para que no se conviertan en desventaja.

Los criterios están dirigidos a los operadores de justicia, especialmente a prestadores de servicios MASC, con la invitación a considerarlos como una ruta de navegación en su función de gestión y ayuda en la resolución de controversias, así como una herramienta para implementar las mejores prácticas de inclusión de la discapacidad en estos mecanismos.

Como ruta de navegación, los criterios que se abordan constituyen puntos de referencia o estándares que no solo permitirán a los operadores de MASC cumplir con las exigencias legales para garantizar un acceso a la justicia por parte de las personas con discapacidad, sino que también les permitirá elaborar un plan para valorar la implementación y calidad de servicios MASC más equitativos y accesibles.

Cada criterio recoge pautas que orientan hacia las mejores prácticas y comportamientos para asegurar MASC inclusivos. Dado el carácter diverso y heterogéneo de las personas con discapacidad, no se pretende prescribir un conjunto estricto o exhaustivo de pautas. Se trata de recomendaciones que deben considerarse como un marco adaptable a situaciones y necesidades específicas, con el objetivo general de eliminar obstáculos, facilitar la participación y promover la inclusión de las personas con discapacidad en los MASC.

2. Criterios para MASC inclusivos

Criterio 1: Transformar las percepciones

Las percepciones mutuas de las partes son un factor crucial en el manejo de situaciones conflictivas. La manera en que percibimos a las personas, situaciones y eventos determina cómo se desarrolla la comunicación y las relaciones interpersonales, e influye en la naturaleza de los desacuerdos y en las estrategias que se adopten para resolverlos.

Por consiguiente, entender y revisar las dinámicas de percepción de la discapacidad permite desarrollar intervenciones profesionales en gestión y resolución de conflictos no solo más efectivas y constructivas, sino también más inclusivas. En esencia, la forma en que las partes involucradas en los MASC (agentes y operadores de MASC, partes en conflicto, terceros involucrados) perciben la discapacidad repercute directamente en la inclusión o marginación de la persona con discapacidad participante en el respectivo método de solución de controversias.

La percepción de la discapacidad es parte integral de cómo la sociedad percibe e interactúa con las personas con discapacidad. Este concepto abarca las actitudes, creencias y comportamientos sociales hacia esta población, moldeados por factores históricos, culturales y socioeconómicos. Si bien en las últimas décadas ha habido avances hacia una visión más inclusiva y equitativa, aún persisten estereotipos y prejuicios que impiden su plena inclusión.

Las percepciones capacitistas —actitudes y creencias que desvalorizan a las personas con discapacidad y le atribuyen características negativas— tienen un impacto determinante en la dinámica del conflicto. La representación de la persona con discapacidad como un ser débil e incompleto sigue presente e impide que se reconozca como un auténtico sujeto de derechos, capaz de comprender y abordar los conflictos de manera independiente y diligente. Esta visión paternalista y asistencialista de la discapacidad aún permea la Administración de Justicia y condiciona la mayoría de las intervenciones en MASC, enfocándose en los déficits y limitaciones, y no en las capacidades y autonomía de la persona.

Las imágenes negativas o que propician a una mirada condescendiente, paternalista o estereotipada de la discapacidad entorpecen o directamente impiden que las personas con discapacidad participen en condiciones de igualdad con el resto de ciudadanos en los espacios de gestión y resolución de conflictos. Estas imágenes las exponen a relaciones de poder y desigualdad que controlan o anulan su capacidad de elección y decisión, ya que desde el inicio son señaladas por su estigma y no son ni percibidas ni aceptadas como iguales.

En los procesos de resolución de conflictos, si no existe igualdad entre las partes, los contendientes menos fuertes estarán en desventaja. Las percepciones profundamente arraigadas que atribuyen un valor inferior a las personas con discapacidad juegan un papel importante en los desequilibrios de poder. La percepción de inferioridad, ligada a creencias de ineficacia e incompetencia, condiciona su participación y el resultado del MASC. Esto puede derivar en que la persona con discapacidad tenga una participación pasiva, donde su voz es desvalorizada y sus preocupaciones y/o necesidades son consideradas poco o menos importantes.

Aunque sentimientos como frustración, inseguridad, confusión, miedo, rabia, tristeza, debilidad, falta de apoyo, ninguneo, vergüenza, etcétera, son manifestaciones comunes a cualquier conflicto, en las personas con discapacidad muchas veces están vinculados con cómo son percibidas y cómo interiorizan las representaciones sociales impuestas hacia quienes están en situación de discapacidad.

Percepciones como lástima, sensiblería, compasión o tristeza; así como aquellas que muestran a las personas con discapacidad como símbolos de superación e inspiración, también son insidiosas. Aunque puedan parecer positivas, en realidad refuerzan una perspectiva capacitista que repercute negativamente en la gestión del conflicto.

Todas estas percepciones interfieren significativamente en la interpretación de la controversia, su escalada, cronificación y enquistamiento, y afectan la participación activa, reconocida y libre de la persona con discapacidad en cualquier MASC como medio elegido para resolver la disputa.

Por lo tanto, para que el proceso de resolución de controversias sea verdaderamente inclusivo, el primer criterio a tener en cuenta por los operadores de MASC es tomar conciencia de cómo sus propias percepciones sobre la discapacidad (y las de las partes) influyen en la dinámica del conflicto, con el fin de desarticular cualquier relación de subordinación o desigualdad vinculada a estas percepciones.

En relación con esto, es necesario precisar que equilibrar la dinámica de poder y garantizar la equidad no implica favorecer los intereses de las personas con discapacidad a expensas de otros. Se trata de adoptar una mirada inclusiva que permita cambiar los patrones de interacción con las personas con discapacidad profundamente enraizados en la sociedad. La comunicación, la estructura de la toma de decisiones y el diseño de los procedimientos alternativos de resolución de controversias casi siempre están rodeados por un conjunto de creencias y prácticas —más bien inconscientes— que limitan la participación activa de la persona con discapacidad en el respectivo MASC, lo que a su vez restringe el rango de respuestas que se aporta al conflicto.

Por ello, en todo proceso MASC que involucre a personas con discapacidad, es esencial conocer las necesidades derivadas de su situación particular y entender las emociones asociadas, con el propósito de orientar intervenciones apropiadas. De esta manera, se generarán nuevas percepciones, más funcionales, que permitirán encontrar soluciones satisfactorias no solo para la parte con discapacidad, sino para todas las partes participantes.

Para mejorar la percepción hacia las personas con discapacidad y ser más conscientes de su influencia en la gestión y resolución de los conflictos, existen diversas estrategias que pueden ayudar a redefinir y transformar las interpretaciones sobre la realidad de la discapacidad.

· Autorreflexión

A menudo asumimos que somos conscientes de lo que piensan y sienten los demás, e incluso damos por sentado que nuestras percepciones son correctas y actualizadas. Sin embargo, muchas de estas percepciones pueden ser simples creencias y suposiciones que, al repetirse sin ser cuestionadas, se incrustan en nuestra mente y operan en nosotros como fuerzas ocultas que guían nuestras decisiones, pudiendo afectar significativamente la vida de otras personas.

Por esta razón, la autorreflexión es una práctica valiosa que nos invita a cuestionar y desafiar nuestras propias percepciones sobre la discapacidad y a tomar conciencia al respecto. En la gestión de controversias, supone reconocer patrones de comportamiento y reacciones emocionales que surgen en nuestra relación con personas con discapacidad. Este ejercicio de autoexploración favorece un rol más proactivo de los operadores de justicia, al fortalecer habilidades clave para la gestión de conflictos, como aumentar la autoconciencia, empatía y sensibilidad, la toma de decisiones informadas, y la capacidad de mantenerse enfocados y objetivos durante el proceso. Todos estos elementos son esenciales para lograr MASC eficaces e inclusivos.

Los siguientes ejercicios de autorreflexión, con preguntas clave, pueden resultar útiles para transformar las percepciones personales sobre la discapacidad:

- Identifique las percepciones y creencias que tiene sobre la discapacidad.
- Cuestione la veracidad de tales percepciones y creencias:
    - o ¿Realmente esta creencia es cierta?
    - o ¿Existe evidencia que la respalde?
    - o ¿Estoy perpetuando un estereotipo de la discapacidad?
    - o ¿Hay creencias negativas subyacentes a lo que quiero decir?
    - o ¿Por qué quiero decir esto?
    - o ¿Han influido tales percepciones y creencias en la gestión del conflicto?
- Infórmese acerca de la discapacidad:
    - o ¿Qué tanto sé sobre la discapacidad?
    - o ¿Qué pasaría si pensara de manera diferente?
    - o ¿Qué experiencias recientes me han enseñado sobre la discapacidad?
- Explore otra perspectiva:
    - o Ante la pregunta ¿Qué razones tengo para aceptar tales creencias? enumere al menos dos razones por las que alguien podría tener una opinión diferente.

o ¿Qué cambios podría hacer (responder/actuar) para que la persona con discapacidad se sienta respetada y comprendida?
o ¿Son mis comentarios impertinentes o no solicitados?
o ¿A quién podría acudir o dónde podría encontrar recursos que me ayuden a crear espacios MASC donde las personas con discapacidad se sientan cómodas y legitimadas para desenvolverse con la confianza necesaria para transitar el proceso?

· Usar las técnicas aplicadas en los MASC

Los especialistas en gestión y resolución de conflictos cuentan con una serie de habilidades, destrezas, resultados de experiencias y métodos que les asisten en la conducción del MASC correspondiente. Estas técnicas adoptan la forma de escucha activa, observación, preguntas, legitimación, parafraseo, reformulación, reencuadre, generación de confianza, connotación positiva, empoderamiento, entre otras. Estas herramientas deben utilizarse con el objetivo de readaptar los esquemas de representación y enfocar la discapacidad desde una perspectiva de derechos que legitime y reconozca a la persona con discapacidad como sujeto procesal igual en el conflicto.

Se parte del supuesto de que cada persona que interviene en un MASC percibe la realidad de las personas con discapacidad de una manera particular, lo que obviamente genera una dificultad para que el operador de MASC establezca a priori patrones de actuación basados únicamente en su percepción propia. No obstante, esta dificultad representa también una oportunidad: la de replantear las intervenciones para que respondan a la diversidad de percepciones y experiencias.

Cada técnica aporta puntos valiosos y será labor del operador del MASC auxiliarse con aquella(s) que, de acuerdo con su estilo, considere más adecuada(s) y oportuna(s). Cualquier herramienta que se maneja y utiliza en los MASC puede destinarse a ayudar a incrementar la capacidad de percibir la realidad del participante con discapacidad de un modo diferente por parte de los otros implicados en el MASC.

Toda técnica debe permitir a los operadores de MASC construir espacios positivos, igualitarios y fiables donde no se discrimina ni refuerza imaginarios que justifiquen las desigualdades.

Para promover un cambio en este sentido, pueden servir de guía ciertas preguntas y pautas:

o ¿Las personas participantes del MASC sin discapacidad se sienten cómodas al interactuar con la persona con discapacidad involucrada en el respectivo MASC?
o ¿Están tratando a esta persona como un igual?
o ¿Se están presentando hechos del conflicto o se están realizando juicios?
o ¿Se está separando a la persona con discapacidad del problema?
o En caso de detectarse desequilibrio de poderes, el operador de conflictos procurará, sobre la base de sus intervenciones, evitar que una posible desviación o existencia real de desigualdad derive en poder de una parte sobre la otra, para evitar que los fines del MASC sean frustrados por una desigualdad de posiciones, de participación, o de toma de decisiones.
o Se deberá identificar la presencia de abusos, influencias indebidas o conflicto de intereses que puedan influir en la voluntad de la persona con discapacidad. En el supuesto de ser apreciados deberán adoptarse las medidas que se consideren pertinentes y oportunas.

Criterio 2. Comunicación y trato como instrumentos de inclusión

El comportamiento y el lenguaje son dos aspectos fundamentales que influyen en la inclusión de las personas con discapacidad en los MASC. El lenguaje que utilizamos y la forma en que tratamos a las personas con discapacidad son herramientas poderosas que no solo pueden evitar la discriminación, sino que también envían un mensaje claro de que valoramos la diversidad y la igualdad.

Aun cuando la sociedad está más informada sobre la discapacidad y se ha evolucionado en su tratamiento jurídico-social, persiste un desconocimiento generalizado sobre cómo comunicarse e interactuar apropiadamente con las personas con discapacidad. Es común que se presenten conductas inadecuadas que, en la mayoría de ocasiones, se producen de manera inconsciente e involuntaria. Estas actitudes aparecen sin que se reflexione sobre su significado y su impacto, y tienden a operar de modo automático e impulsivo cuando se piensa en este grupo social. Esto sucede porque muchas creencias y actitudes que relegan a estas personas a un estatus inferior no han sido suficientemente cuestionadas. Su incesante reiteración las ha naturalizado, sin reparar en sus implicaciones de fondo.

Comunicar y tratar de manera incorrecta a una persona a partir de ideas preconcebidas sobre su discapacidad puede exponerla a la discriminación, a la invisibilidad o a actitudes violentas.

En las intervenciones de cualquier MASC, los comportamientos desacertados y el uso de un lenguaje capacitista agravan una situación de por sí ya complicada, ayudando a perpetuar la invisibilidad de las personas con discapacidad y la desigualdad al limitar significativamente su ejercicio del derecho de acceso a la justicia. El trato y el lenguaje pueden emplearse para describir, disponer, ordenar, elogiar, insultar o discriminar a la persona con discapacidad, y actúan como elementos amplificadores de las discrepancias entre las partes.

Por el contrario, una comunicación accesible y un trato respetuoso que eviten gestos, palabras, formas o modos que levanten barreras, fomentan espacios para el reconocimiento y valoración de la discapacidad, y un clima participativo y colaborativo. Ellos reducen la distancia entre los extremos participantes, estimula el diálogo constructivo y promueve soluciones amistosas. Sin duda, son criterios ineludibles y fundamentales para hacer posible la inclusión de la discapacidad en los MASC.

• Trato adecuado

El trato adecuado se relaciona con todo comportamiento que respeta la diversidad de las personas con discapacidad y atiende sus necesidades particulares, permitiendo su participación plena en todos los ámbitos.

Tratar apropiadamente a las personas con discapacidad parte de considerar aspectos como:

- Respeto a su dignidad (reconocer y valorar a la persona sin que se desconozcan sus características y diferencias).

- Amabilidad y cortesía.
- Empatía (percibir lo que la persona siente y ponerse en su lugar).
- Respeto al ejercicio de su autonomía.
- Oportunidad en la prestación del servicio en el lugar y tiempo adecuado.
- Sin discriminación (atendidos en igualdad de oportunidades, evitando el paternalismo, la sobreprotección, la infantilización, y prestando los apoyos necesarios).
- Respeto a la privacidad de la información personal y de la situación de discapacidad.

Atendiendo a estos aspectos, algunas pautas generales de trato y comportamiento correctos con las personas con discapacidad usuarias de MASC son:

- La pauta principal es simple: ¡Aplique el *sentido común*!
  Trate a la persona con discapacidad con naturalidad y respeto.
  No permita que la falta de conocimiento e información sobre la discapacidad le impida relacionarse con la persona de forma acertada.
- La persona es primero. Imagínese que usted fuera una persona con discapacidad y está utilizando un servicio MASC y pregúntese: ¿Cómo quisiera que me atendieran?
- Hable en tono normal, despacio y claro, evitando gritar o elevar la voz.
- Concéntrese en la persona, no en la discapacidad.
- ¡Preguntar es la clave!
  En ningún momento tome decisiones por la persona con discapacidad, consulte primero.
  Pregunte directamente a la persona si necesita apoyo o ayuda y en qué sentido lo requiere.
  Si no obtiene respuesta, pregunte a su acompañante.
  Consulte a la persona con discapacidad si puede preguntar a su acompañante cuando sea necesario.
- No subestime ni prejuzgue a la persona con discapacidad.
- No generalice. El comportamiento de una persona con discapacidad no tiene por qué ser igual al de otra.
  Las diferencias individuales, grado de autonomía, aptitudes personales, etcétera, hacen que cada persona tenga niveles diferentes de funcionamiento, aunque tengan el mismo tipo de discapacidad.

- No haga suposiciones. No presuma que personas con determinado tipo de discapacidad no van a entender lo que se les comunica e informa. En cambio, confírmelo con preguntas como: ¿Me he explicado correctamente? ¿Tiene alguna duda?
  Utilice la repetición o readapte el lenguaje si es necesario, para asegurar la comprensión de las ideas y la información.
  Si no entiende a la persona con discapacidad, pídale que se lo repita hasta que lo comprenda.
  Cerciórese de que la persona haya comprendido el trámite, junto con la información brindada, y de que esté conforme con el servicio.
- Haga contacto visual con la persona y mantenga una actitud de escucha activa. Absténgase de realizar otras actividades y evite distraerse con dispositivos mientras esté interactuando con la persona con discapacidad.
  No se distraiga ni juegue con los animales guía, pues su tarea es prestar un apoyo a las personas con discapacidad.
- Cuando la persona esté acompañada por un familiar, amigo, persona de apoyo o profesionales de lengua de signos, no los mire a ellos ni hable de la persona con discapacidad en tercera persona; mire y diríjase siempre a la persona con discapacidad usuaria del MASC.

Algunas pautas de cómo interactuar con personas con discapacidad visual:

- No tome a la persona por la ropa o el brazo. Si la persona le pide ayuda para orientarse o desplazarse, indíquele que se apoye en su brazo u hombro.
- Siempre avise de su llegada y retiro del recinto.
- Identifíquese y asegúrese de que la persona sepa a quién se dirige.
- Brinde información sobre las cosas que las personas con discapacidad visual no pueden percibir, como quiénes están presentes, características del lugar o de los objetos del entorno.
- Utilice un lenguaje muy claro y ampliamente descriptivo y detallado. Use un lenguaje que permita a la persona localizarse geoespacialmente, por ejemplo, decir «a la derecha o la izquierda» nunca «aquí o allí», y no sustituir el lenguaje oral por gestos.

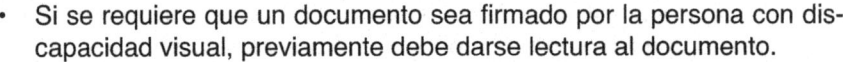

- Si se requiere que un documento sea firmado por la persona con discapacidad visual, previamente debe darse lectura al documento.

Algunas pautas de cómo interactuar con personas con discapacidad auditiva:

- Ubíquese de tal manera que la persona lo vea y pueda interactuar con usted. Háblele a la persona de frente, de cerca, a su altura y sin tapar la cara con las manos o con algún objeto. Muchas personas con discapacidad auditiva no dominan la lectura labial y pueden perder información.
- Háblele siempre de frente, buscando la mejor iluminación posible sin contraste de contraluz, para favorecer la comunicación (oral o signada). Las expresiones corporales, faciales y la lectura de los labios son muy importantes para completar los sonidos del habla.
- Construya frases breves y precisas.
- Apóyese con gestos, signos sencillos y/o del uso de escritura para transmitir información relevante: fechas, nombres, direcciones, etcétera.
- Si la persona conoce la Lengua de Signos Española, comuníquese directamente si la conoce, o solicite servicios profesionales para garantizar la atención. Tener presente que cada país posee su propia Lengua de Signos.

Algunas pautas de cómo interactuar con personas con discapacidad física:

- Pregúntele a la persona si requiere ayuda y cómo desea ser ayudada, antes de invadir su espacio e impedir su movilización.
- Para hablar con una persona que usa silla de ruedas, situarse de frente y a su misma altura.
- No se apoye en la silla de ruedas; es parte del espacio personal de la persona.
- Si la persona utiliza muletas, bastones o andador, tenga en cuenta que cumplen una función de apoyo, sostén y equilibrio. Se recomienda dejar estos elementos siempre cerca de la persona.

- Si desconoce el manejo de alguna ayuda técnica (silla de ruedas, andador, teclados especiales, etc.), pregúntele cómo puede ayudarla.

Algunas pautas de cómo interactuar con personas con discapacidad intelectual:

- Trate a la persona de forma natural. Evite prejuicios y/o sobreprotección, que impidan o dificulten una adecuada relación.
- Tenga presente que la discapacidad intelectual NO es una enfermedad mental, sino una condición que afecta las habilidades de aprendizaje y la capacidad de funcionar en la vida diaria.
- Respete los intentos de comunicación de la persona, dándole el tiempo que requiera para expresarse y respete sus momentos de silencio y turnos de conversación.
- Sea paciente, flexible y muestre siempre apoyo. Compruebe que la información e instrucciones han sido comprendidos realmente por la persona.
- Establezca guiones claros para las sesiones de MASC. Proporcione información previa y detallada sobre los pasos que se van a desarrollar, de manera que la persona pueda entender bien qué sucede.
- Facilite pausas de descanso durante las sesiones.

Algunas pautas de cómo interactuar con personas con problemas de salud mental:

- Haga del entorno de atención un lugar seguro y amable con la persona.
- Escuche a la persona sin juzgarla o criticarla.
- Tenga tacto y empatía.
- Tenga en cuenta las opiniones y sentimientos expresados por la persona.
- Estas personas NO son violentas y/o agresivas debido a su problema de salud mental. Trátelos adecuadamente con discreción, comprensión y respeto.
- No confunda el trastorno mental con la discapacidad intelectual. Un problema de salud mental no tiene nada que ver con la limitación del funcionamiento intelectual.

• Lenguaje no capacitista

Utilizar un lenguaje no capacitista implica comunicarse de manera respetuosa y responsable, promoviendo prácticas lingüísticas que contrarresten el capacitismo y la discriminación hacia las personas con discapacidad.

Es importante aclarar que el lenguaje en sí mismo no es capacitista, pero su uso sí puede serlo. El lenguaje influye en la forma en que percibimos y tratamos a las personas con discapacidad. Al condicionar los pensamientos y moldear nuestra visión del mundo, el lenguaje refuerza imaginarios individuales y sociales sobre la discapacidad que, muchas veces, se sustentan en barreras prácticas y culturales, donde la diferencia se interpreta desde la inferioridad, la desigualdad y la intolerancia.

Muchos términos y expresiones comunes transmiten y refuerzan el conjunto de actitudes y comportamientos que inciden en la discriminación y exclusión de las personas con discapacidad. De hecho, los discursos cotidianos continúan impregnados de una terminología caduca que reproduce sesgos negativos y excluyentes de esta población. Los prejuicios capacitistas -conscientes o inconscientes- que el lenguaje transmite son el reflejo del lugar social atribuido a las personas con discapacidad desde siempre. Manifiesta los valores y creencias sociales que, a través del uso de palabras y expresiones específicas, de metáforas, eufemismos y otros recursos lingüísticos, alimentan una historia de opresión y devaluación de la experiencia de vivir con discapacidad.

Se hace uso de un lenguaje capacitista cuando:

✗ Se asocia discapacidad con enfermedad. La discapacidad no es una enfermedad. Por lo tanto, las personas con discapacidad *no son enfermas ni pacientes* (a menos que estén recibiendo atención médica y solo en este contexto, la persona con discapacidad está enferma). No buscan que su discapacidad sea curada, corregida o eliminada.

✗ Se asocia discapacidad con asistencia social. La discapacidad no es una carga o un problema. Las personas con discapacidad no son *pobrecitos, seres que sufren, no son objeto de caridad* ni tampoco son sujetos subordinados social y económicamente.

x   Se utiliza terminología paternalista. Con frecuencia, se infantiliza a las personas con discapacidad y se les considera y trata como si fueran niños o seres angelicales o celestiales. El uso de un tono de voz condescendiente y de diminutivos para dirigirse o referenciar a las personas con discapacidad como personas a las que hay que sobreproteger sin cuestionar, minimiza su autonomía y capacidad de decisión.

x   Se utilizan expresiones como *a pesar de su discapacidad, pese a su discapacidad, (tienen familia, tienen empleo, etcétera).* Estas expresiones también son capacitistas al vincular la funcionalidad de los cuerpos a la inferioridad y menor capacidad, e invalidan la independencia y autonomía de la persona.

x   Se muestra a las personas con discapacidad como símbolo de superación e inspiración. Llamarlas *héroes, valientes, fuertes,* o hablar de su capacidad para *hacer frente a la adversidad, superar los obstáculos,* intensifica el imaginario social de realización y superación donde se antepone el *querer es poder... la resiliencia* y se soslaya la singularidad de la persona y sus necesidades y derechos.

Referirnos a ellas como *fuente de inspiración* las representa como *una especie de seres etéreos, musas para el resto de la humanidad por el único hecho de existir.* Asimismo, calificarlas de *seres admirables,* magnificando sus logros como hechos inusuales y asombrosos, comporta un lenguaje capacitista que no repara en que las personas con discapacidad, como las demás, pueden realizarse personal y profesionalmente.

x   Se emplean términos peyorativos e indignos. Conceptos como *minusválido, disminuido, inválido, retrasado mental, etcétera,* reflejan estigmas y son ofensivos e hirientes.

x   Se utiliza el lenguaje como insulto. Vocablos como *subnormal, mongolo o retrasado* como formas de insulto refuerzan una imagen mental previa negativa y prejuiciosa de la discapacidad.

x   Se utiliza el lenguaje como burla. Chistes, memes, parodias y otras ocurrencias humorísticas que se hacen a expensas de la discapacidad pueden ser irrespetuosos si no se *toman en cuenta* el mensaje y las palabras escogidas, el momento y el contexto en que se hace la broma, el emisor que cuenta o hace la broma, el público receptor de la broma, o el vínculo previo entre ambos. No se trata de esquivar el humor en torno a la discapacidad, sino que, como cualquier otro tema a la hora de apreciar su calidad humorística, es necesario afanarse en adquirir conciencia y pertinencia a la hora de hacerlo.

✗ Se usan eufemismos como *necesidades especiales o capacidades diferentes* en lugar de usar la palabra discapacidad, sugiriendo así que este vocablo es en sí mismo ofensivo y, por consiguiente, que la situación de discapacidad es algo malo.

Utilizar un lenguaje no capacitista es un principio jurídico democrático que tiene su fundamento en el marco legislativo internacional y nacional encabezados respectivamente por la Convención sobre los Derechos de las Personas con Discapacidad y la Constitución Española a través de su renovado artículo 49, que imponen el uso de una terminología más precisa y respetuosa con la población con discapacidad. Así que, hacer uso de un lenguaje consensuado sobre la discapacidad no tiene que ver con una cuestión de corrección política, se trata más bien de valerse del mismo como una herramienta para reconocer la diversidad de las personas con discapacidad y su valor como parte integral de la sociedad.

En relación con lo expuesto, el uso de un lenguaje no capacitista al interior del MASC (al ser el resultado de la interacción entre las personas que comparten esa experiencia) puede generar un clima inclusivo. Para ello, urge que los profesionales de MASC reflexionen sobre el impacto que tiene utilizar un lenguaje capacitista, y se valgan de alternativas lingüísticas para describir y relacionarse con la población con discapacidad. Es imprescindible tomar conciencia sobre el valor y la capacidad transformadora de utilizar un lenguaje positivo y respetuoso que no silencie, invisibilice, esconda, subordine, minusvalore, margine, ridiculice, ningunee o excluya, sino que permita a la persona con discapacidad reconocerse e identificarse como parte activa del proceso, y que sirva de constante ejercicio de percepción de la discapacidad.

El hábito lingüístico del operador del MASC debe constituirse como modelo para las demás partes intervinientes, un referente de cómo utilizar el lenguaje para nominar la realidad de la discapacidad y para construir una imagen social de las personas con discapacidad digna y alejada de estereotipos y estigmas.

Algunas pautas para usar un lenguaje que sirva para transformar percepciones y romper barreras en los MASC implican:

- Utilizar la expresión *persona con discapacidad,* y evitar hablar de *personas discapacitadas, discapacitados o discapacitadas.* Esto muestra que la discapacidad es una característica que acompaña a la persona, pero que no la define.
- No emplear las palabras *minusválido, paralítico, disminuido, incapaz, impedido, subnormal, deficiente,* etcétera, al ser expresiones que transmiten la idea de que las personas con discapacidad son menos válidas o capaces. Estos son términos suprimidos por la normativa de protección de los derechos de este grupo social.
- No referirse a las personas con discapacidad como *pacientes* o *enfermos,* salvo en contextos clínicos. Asimismo, no etiquetar a las personas con discapacidad con un diagnóstico (por ejemplo, *esquizofrénico*), ya que refleja el modelo médico de la discapacidad que considera que ésta es la consecuencia de una enfermedad o alteración que debe ser tratada y curada. En cambio, se debe poner a la persona primero: *persona con esquizofrenia.*
- Evitar verbos como *padecer, sufrir, afligir* o *aquejar.* Las personas tienen o presentan una discapacidad, pero no la sufren ni la padecen. Es una condición con la que la persona convive de forma natural.
- En lugar de utilizar la discapacidad como sustantivo, se debe poner la palabra persona delante. Usar *persona sorda o con sordera, persona con discapacidad auditiva,* antes que *sordo o sordomudo; persona ciega o con ceguera, persona con discapacidad visual o baja visión* antes que *ciego, invidente, cegato.* Lo adecuado es utilizar los términos *persona con discapacidad física o persona con movilidad reducida,* y no emplear palabras como *inválido, paralítico, tullido, lisiado, impedido.* Nunca utilizar vocablos como *retrasado mental, subnormal, anormal, deficiente* para referirse a la *persona con discapacidad intelectual.* Usar *persona con problemas de salud mental o persona con trastorno mental,* no *enfermo mental, loco, demente, trastornado.* Lo indicado es usar *persona con enanismo* (si es el caso), persona con acondroplasia (si es el caso), persona de estatura baja y no referirse a *enano o persona con retraso de crecimiento.* Es apropiado usar *persona con síndrome de Down* y no *mongólico.*
- Es inadecuado hablar de persona normal o persona sana para aludir a la persona que no tiene discapacidad. Lo apropiado es usar *persona sin discapacidad* o resto de población, si es necesario hacer comparaciones.

- Sustituir expresiones sensacionalistas o que susciten compasión como *postrado en una cama o condenado a estar en una silla de ruedas,* por otras de aceptación y respeto como *persona en cama o persona que utiliza silla de ruedas.*
- Para las personas con discapacidad que precisan de la atención de otra persona para el desarrollo de actividades de la vida diaria, se debe utilizar *personas en situación de dependencia,* evitando *dependientes.*
- No usar términos como *cieguito, sordito,* y *cualquier diminutivo,* pues infantilizan a las personas con discapacidad. En este mismo sentido, palabras como niña, niño, chico o chica, cuando nos referimos a personas adultas con discapacidad.
- Es inadecuado el uso de terminología no reconocida ni por la Convención Internacional sobre los Derechos de las Personas con Discapacidad, ni por la Constitución española y la normativa sobre discapacidad. Vocablos como *diversidad funcional, capacidades diferentes, capacidades especiales* y términos similares, se consideran eufemismos que generan confusión, ambigüedad, inseguridad jurídica y pueden restar valor a las consecuencias e implicaciones que en esta sociedad tiene la experiencia de presentar una discapacidad.

Criterio 3. Accesibilidad universal, diseño para todos y ajustes razonables

La accesibilidad universal, el diseño para todos y los ajustes razonables son elementos fundamentales para garantizar que las personas con discapacidad puedan acceder y participar en los MASC con libertad, igualdad de condiciones y autonomía. Se trata de criterios pilares y puentes, sin los cuales el derecho al acceso a la justicia en sentido amplio puede verse anulado en la práctica para la población con discapacidad, si los entornos y medios materiales para su ejercicio no reúnen estas condiciones.

• Accesibilidad universal

La accesibilidad universal es la condición previa que deben cumplir los entornos, la información y las comunicaciones, la tecnología, los procesos y procedimientos, los bienes, productos y servicios, así como las herramientas y dispositivos, para garantizar que sean comprensibles, utilizables y practicables por todos los ciudadanos, independientemente de sus capacidades. La accesibilidad no solo beneficia a las personas con discapacidad, sino que enriquece la experiencia colectiva y es clave para garantizar el ejercicio efectivo de derechos de cualquier persona.

Las obligaciones relativas a la accesibilidad son de carácter general, conllevan una aplicación progresiva y son incondicionales. A saber, no están sujetas a una prueba de proporcionalidad.

Los criterios de accesibilidad universal abarcan un amplio espectro de necesidades que incluye aspectos físicos, sensoriales y cognitivos.

Accesibilidad física: su finalidad es proporcionar un entorno sin barreras que garantice la movilidad, conveniencia y seguridad de todas las personas. Es fundamental para personas que usan sillas de ruedas y/o tienen movilidad reducida. Se expresa, por ejemplo, en la existencia de rampas, ascensores, plataformas elevadoras, escaleras, barandillas, entradas, puertas, pasillos y baños.

Accesibilidad sensorial: busca que todas las personas, independientemente de sus capacidades sensoriales, interactúen de manera efectiva con diferentes medios y entornos a su alcance. Esto implica la adaptación de productos, servicios, tecnologías y espacios físicos y digitales para personas con diferentes tipos de discapacidades sensoriales, que afectan uno o más sentidos: vista, oído, olfato, tacto, gusto o percepción espacial y que incluyen el trastorno del espectro autista (TEA); ceguera y baja visión; pérdida de audición y sordera; y trastorno del procesamiento sensorial. La accesibilidad sensorial en edificios incluye, pero no se limita a alto contraste, fuentes para disléxicos y texto más grande, textos en braille, marcas táctiles, cambios texturales en el camino, pisos y señales, colores y contrastes, bucles de inducción de audio, subtítulos o leyendas y señales luminosas.

Accesibilidad cognitiva: característica de los entornos, procesos, actividades, bienes, productos, servicios, objetos o instrumentos, herramientas y dispositivos que permiten la fácil comprensión y la comunicación. Es especialmente importante para las personas con discapacidad intelectual, del desarrollo o del espectro autista para que puedan comprender y manejar la

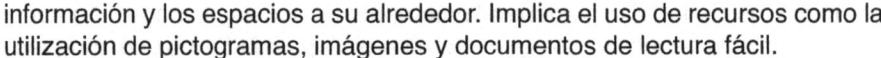

información y los espacios a su alrededor. Implica el uso de recursos como la utilización de pictogramas, imágenes y documentos de lectura fácil.

• Diseño universal

Una de las expresiones de la accesibilidad es el diseño universal o diseño para todos, que funciona como un principio general que promueve la creación de productos, servicios y entornos pensados de modo que sean utilizables por todas las personas en la mayor medida posible, sin necesidad de que se adapten o especialicen[3].

Esta estrategia implica pensar en la diversidad humana *ab initio*, con el fin de satisfacer las necesidades y requerimientos de todos y es un presupuesto de eficacia de la accesibilidad universal, a la que antecede y con la que está estrechamente vinculada.

• Ajustes razonables

Cuando las condiciones, medidas y/o dispositivos de accesibilidad universal y el diseño para todas las personas no resultan eficaces, los ajustes razonables permiten responder a las necesidades particulares y precisas de las personas con discapacidad. Se trata de adaptar entornos físicos, cognitivos, sociales y actitudinales para satisfacer sus necesidades específicas y facilitar su accesibilidad y participación, preservando así el ejercicio en igualdad de condiciones con los demás de todos los derechos, incluido el derecho de acceso a la justicia.

Estas modificaciones y adaptaciones son personalizadas y no deben suponer un esfuerzo desproporcionado o desmedido para el sujeto obligado. La obligación de realizar ajustes razonables puede darse en dos supuestos. El primero, cuando en virtud de la realización progresiva de medidas de accesi-

---

[3] Si bien el diseño parte de la idea de que es universal -para todos-, la Convención sobre los Derechos de las Personas con Discapacidad y la Ley General sobre los Derechos de las Personas con Discapacidad aclaran que, en ocasiones, el diseño puede entenderse como medidas destinadas a grupos de personas con discapacidad, pudiéndose hablar, entonces, de un diseño universal dirigido a grupos de personas.

bilidad todavía no existan condiciones reales de accesibilidad universal y sea indispensable el ajuste razonable para conseguir el acceso específico a ese derecho; por ejemplo, el uso de una rampa provisional para que una persona pueda acceder a la sede donde tendrá lugar el MASC. En ningún caso, el ajuste exime de la obligación de que tales condiciones de accesibilidad universal se garanticen de forma progresiva. El segundo, cuando la necesidad individual de esa persona sea tan concreta que el ajuste razonable sea lo único que permita alcanzar esa igualdad efectiva y no discriminación en la participación del MASC. Por ejemplo, que una persona pueda utilizar un dispositivo electrónico para comunicarse.

De acuerdo con la Convención Internacional sobre los Derechos de las Personas con Discapacidad, la denegación de los ajustes razonables —al igual que la denegación de las medidas de accesibilidad y de trato adecuado— puede constituir una forma de discriminación y suponer una violación del derecho de acceso a la justicia y, por tanto, de acceso a los MASC, en igualdad de condiciones.

A continuación, se presentan una serie de pautas necesarias para promover el avance progresivo de unos MASC plenamente accesibles para todas las personas, en los siguientes aspectos:

Accesibilidad del entorno

Todos los espacios donde se presten servicios MASC deben ser adecuados para garantizar la máxima accesibilidad, considerando todas las fases del desplazamiento: la llegada, el ingreso, la circulación, la salida de manera adecuada de todas las edificaciones, construcciones o instalaciones.

La movilidad, así como la percepción y comprensión de la información sobre el entorno, deben satisfacer las expectativas y necesidades de todos los que a ellos acuden, evitando cualquier forma de discriminación.

Medidas específicas:

- Facilitar el uso de los servicios de transporte adaptado, ya sea mediante la provisión de información de los servicios existentes o a través de la confección de un servicio propio.

- Comprobar la accesibilidad de los itinerarios peatonales desde las paradas de transporte público y las zonas de aparcamiento hasta la puerta de entrada del lugar de prestación de los servicios MASC.
- Las zonas de parking reservadas para personas con discapacidad deberán garantizar la máxima cercanía al lugar de prestación de los servicios MASC y la no existencia de obstáculos en el trayecto de acceso a los mismos.
- Las rutas hasta el edificio deben estar correctamente señalizadas a través de señales y paneles informativos exteriores.
- Cualquier información exterior que deba aportarse sobre el edificio en cuestión (por ejemplo, horarios de apertura) deberá ser clara y perceptible por cualquier persona usuaria del MASC y estar ubicada en lugares adecuados.
- La entrada principal, las áreas y mostradores de recepción, las puertas interiores y los pasillos, así como todas las dependencias del edificio, deben ser accesibles.
- El acceso no debe producirse por «puertas traseras» u otros dispositivos que comporten un trato desigual con respecto al resto de personas usuarias del servicio.
- Las señales y paneles informativos que proporcionen información sobre el interior del edificio como la localización del despacho donde se prestará el servicio, la advertencia de determinados peligros, normas de seguridad, etcétera, deben estar diseñados y distribuidos para ser claramente perceptibles y entendidos por cualquier persona.
- Deberá proveerse a las instalaciones de alarmas de emergencias que sean visibles, audibles y táctiles.
- En plantas altas habrá que contemplar la accesibilidad de escaleras, rampas y ascensores.
- Las dependencias (despacho, zona de espera, aseos, sala de conferencias) donde se prestará los servicios MASC serán accesibles, con espacio suficiente de giro o maniobra.
- El mobiliario debe poder ser utilizado por todas las personas usuarias de servicios MASC, incluyendo las personas con movilidad reducida, y debe ser adecuado para la tarea que se va a realizar. Deberá ser polivalente, especialmente cuando se disponga de una mesa que se utilice para firmar documentos. El diseño de las mesas debe permitir la aproximación frontal de personas en sillas de ruedas. La ubicación de los

muebles debe permitir el acceso y la movilidad de una persona en silla de ruedas. Deberá existir suficiente espacio alrededor de mesas y sillas para maniobrar. Es conveniente disponer de sillas regulables o, por lo menos, con dos alturas de asiento para personas con dificultad al levantarse o sentarse.

- Se debe contar con iluminación y contraste suficiente como ayuda a las personas con discapacidad visual.

Accesibilidad a la información y a la comunicación

El acceso puntual, preciso y contextualmente acertado a la información y a la comunicación debe atenderse como un derecho de cumplimiento obligatorio en el funcionamiento de los MASC.

Cualquiera que sea el medio empleado por las entidades u operadores prestadores de servicios MASC para dar a conocer sus servicios ofertados, debe garantizar que dicha información sea accesible para las personas con discapacidad.

Asimismo, la información entre las partes en el desarrollo de los MASC debe ser accesible, facilitando así la resolución efectiva del conflicto. Esto incluye la disponibilidad de documentos y datos relevantes que las partes necesiten para negociar y llegar a un acuerdo. La accesibilidad de la información es fundamental para que los MASC funcionen de manera eficiente y para que las partes involucradas puedan tomar decisiones informadas y consensuadas.

Para ello, es necesario tener en cuenta los siguientes aspectos:

- Ofrecer a las personas con discapacidad, en forma y formato accesible, toda la información como usuarios de un servicio MASC.
- Utilizar modos diferenciales para transmitir información, mediante estímulos gráficos, sonoros y táctiles.
- Usar un lenguaje sencillo, adecuado a la persona destinataria de la información, asegurándonos de que el mensaje ha sido comprendido.
- Incorporar el Braille y sistemas de comunicación por voz en los elementos de información.
- Editar carteles y folletos informativos sobre los MASC en lectura fácil.

- Las páginas Web de los proveedores de servicios MASC deben ser accesibles, cumpliendo el estándar vigente WCAG 2.2.
- Diseñar y publicar contenidos webs livianos para que la carga de la página sea rápida desde cualquier dispositivo.

La accesibilidad en comunicación implica la capacidad de hacer llegar el mensaje a todos los receptores, independientemente de su condición. Las personas con discapacidad tienen el derecho a comunicarse a través del medio que sea más conveniente para ellos.

Existe un desconocimiento de los modos alternativos de comunicación que emplean algunas personas con discapacidad. Sin embargo, el estilo de comunicación no debe ser un obstáculo para que pueda informarse y participar activamente en los MASC, incluso cuando esa comunicación sea no convencional.

Dentro de los principales aspectos para garantizar la accesibilidad a la comunicación están:

- Facilitar medidas de adaptación a las diferentes formas de comunicación, como un servicio de intérpretes de lengua de signos, servicio de subtitulación o medios de apoyo aumentativos y alternativos a la comunicación oral.
- Adoptar posturas corporales que comportan actitud de cercanía y que facilitan la comunicación y comprensión.
- Asegurarse de que la persona ha comprendido lo que se le dice.
- Prescindir del uso de términos técnicos y, en su lugar, incorporar un lenguaje claro y sencillo.
- Facilitar personas de apoyo que permitan la comunicación y comprensión entre el personal que presta el servicio MASC y la persona con discapacidad, así como entre esta y las otras partes del conflicto.
- Verificar la forma adecuada de contactar desde el servicio MASC con la persona con discapacidad (correo electrónico, móvil, SMS, etcétera).

Ajustes razonables

Cualquier MASC debe seguir ciertas pautas para hacer posible una intervención accesible. Esto puede implicar cambios y adaptaciones en la forma habitual de atención en los servicios MASC y del propio procedimiento correspondiente. Hay que recordar que la denegación de ajustes razonables —siempre que estos no supongan una carga desproporcionada o indebida— constituye discriminación por motivos de discapacidad.

Como ya se ha señalado, las personas con discapacidad conforman un grupo altamente heterogéneo, con múltiples variables asociadas: tipo de discapacidad, la intensidad de esta, el nivel de autonomía, entre otras. Por lo tanto, la estructura del respectivo MASC debe mostrarse flexible para responder a las variantes concurrentes. Esto no significa que se altere la composición o elementos característicos de los diferentes MASC, sino que cada uno de ellos, además de cumplir con las obligaciones legales propias, debe tener en cuenta ciertas prácticas que permitan la viabilidad del mismo a cualquier persona con discapacidad.

Dado que los ajustes razonables son medidas concretas y personales, sería poco realista elaborar un listado cerrado que acote la realidad variada de las personas con discapacidad. Como los ajustes operan respecto de cambiantes situaciones particulares, que exigen modificaciones y adaptaciones específicas, en muchos casos, se requerirá de un esfuerzo de ingenio y creatividad por parte de los operadores de MASC para permitir a las personas con discapacidad alcanzar esa igualdad efectiva y no discriminatoria en el ejercicio del derecho al acceso a la justicia en su más amplio sentido.

A continuación, presentamos algunas sugerencias de ajustes que se puede aplicar según el caso:

- Ante la imposibilidad o dificultad de desplazamiento de la persona con discapacidad a la sede donde se llevará a cabo el MASC, consultar con las demás partes la posibilidad de efectuar las sesiones en una ubicación alternativa accesible o mediante videoconferencia.
- Permitir los recesos necesarios y adaptar las condiciones de tiempo favorables para las intervenciones de las personas con discapacidad.
- En términos generales, la normativa sobre MASC (por ejemplo, la mediación) hace pensar en la preferencia por la oralidad, pero no prohíbe a las partes, si lo deciden, realizarlo de manera escrita. En este sentido, podrían llevarse a cabo algunas de las actividades o todo el procedimiento por escrito.

- Ofrecer tiempo suficiente a la persona con discapacidad para que procese la información y responda.
- Reducir la presión de cumplir con normas sociales complejas en la conversación, como el contacto visual sostenido, que puede ser incómodo para algunas personas con discapacidad.
- Permitir que la persona con discapacidad se comunique a través de gráficos, gestos, señales, dispositivos electrónicos o cualquier otro medio de comunicación que resulte efectivo para expresarse.
- La persona con discapacidad puede contar con un asistente que le apoye en el desarrollo del MASC. En este sentido, debe extenderse y ajustarse a los MASC la figura del facilitador que opera para los procesos judiciales.
- Recurrir al registro audiovisual de la expresión de la voluntad de la persona con discapacidad, en lugar de la redacción y suscripción de documentos.

Criterio 4. Apoyo para la toma de decisiones

Los artículos 12 y 13 de la Convención Internacional sobre los Derechos de la Discapacidad representan un cambio de paradigma en el reconocimiento jurídico de la autonomía de las personas con discapacidad. Estos mandatos rechazan las interpretaciones históricamente afianzadas sobre la discapacidad que despojaban a las personas con discapacidad de cualquier forma para ejercer su voluntad y sus preferencias, lo que derivaba en la denegación efectiva del acceso a la justicia y las garantías procedimentales a estas personas en igualdad de condiciones con las demás.

Las disposiciones de la CDPD reafirman la igualdad de todos ante la ley, reconociendo la capacidad jurídica plena de las personas con discapacidad. Esta declaración implica no solo la capacidad para ser titular de derechos, sino la capacidad de ejercerlos en igualdad de oportunidades. Además, la posibilidad y el poder para crear, modificar o extinguir relaciones jurídicas en cualquier ámbito del proyecto vital de la persona.

Esta nueva concepción sitúa a la persona con discapacidad en el centro del proceso decisional. Se presume que todas las personas con discapacidad son capaces de tomar sus propias decisiones, sin perjuicio de que se puedan arbitrar cauces alternativos para hacerlo, únicamente en aquellos casos en los que, por la especial gravedad de la discapacidad, la persona se encuentre privada de juicio suficiente para decidir, pero siempre como algo excepcional.

Por lo tanto, todas las personas con discapacidad tienen capacidad jurídica y no puede negárseles el acceso a la justicia por motivos de discapacidad. Este principio se aplica también a los MASC, métodos reconocidos como una forma de administrar justicia.

En España, la Ley 8/2021, de 2 de junio, por la que se reforma la legislación civil y procesal para el apoyo a las personas con discapacidad en el ejercicio de su capacidad jurídica, recoge la nueva ordenación prevista en la CDPD concentrándose, fundamentalmente, en el ámbito jurídico-privado[4].

Esta ley se fundamenta en el respeto a la autonomía personal para la toma de decisiones y en el apoyo para expresar su voluntad cuando ella lo precise. Para ello, la norma acoge un sistema de apoyos flexible y adaptable a las necesidades particulares de cada persona, así como a las circunstancias o actos para los cuales son requeridos. El apoyo comprende todo tipo de actuaciones, desde la ayuda técnica en la comunicación de declaraciones de voluntad, el acompañamiento, la toma de decisiones delegadas por la persona con discapacidad, hasta la concreción de la representación en esta toma decisiones en situaciones donde el apoyo no pueda darse de otro modo.

El sistema de apoyos contempla tres fórmulas para prestar el apoyo:

- **Informal:** No requiere intervención judicial (salvo algunos supuestos) ni notarial. La guarda de hecho aparece como la medida de apoyo por excelencia en el nuevo régimen, puesto que *a priori* es preferente a las medidas judiciales, cuando funcione correcta y eficazmente, y sea suficiente para el apoyo que necesita la persona. Generalmente, es ejercida por un familiar, ya que la familia continúa siendo en nuestra sociedad el grupo básico de solidaridad y apoyo.

---

[4] La Ley 8/2021 modifica la Ley del Notariado; el Código Civil; la Ley Hipotecaria; la Ley de Enjuiciamiento Civil; la Ley de protección patrimonial de las personas con discapacidad; la Ley del Registro Civil; la Ley de la Jurisdicción Voluntaria, el Código de Comercio y el Código Penal.

- **Formal y voluntaria:** Establecidas por la propia persona con discapacidad mediante escritura pública ante notario. Las medidas voluntarias se pueden establecer mediante poderes, mandatos preventivos, escritura de constitución de apoyos y autocuratela.

- **Judicial:** Cuando las medidas voluntarias y la guarda de hecho no constituyan suficiente apoyo para la persona con discapacidad, el juez podrá utilizar otras medidas para velar por sus intereses. La curatela y el defensor judicial son las figuras judiciales de apoyo.

Los apoyos para ejercer la capacidad en los MASC pueden incluir asistencia para:

- Facilitar la comprensión de la información y la controversia que se ventilará en el MASC.
- Ayudar a la persona con discapacidad a enfocar la atención y sopesar las opciones.
- Explicar un tema o actos jurídicos de un modo diferente para la mejor comprensión de un concepto o idea que permita un consentimiento informado, la toma de una decisión con conciencia de lo que significa y de las consecuencias que puede conllevar.
- Facilitar la manifestación de la voluntad y las preferencias por parte de la persona con discapacidad.
- Interpretar de la mejor forma la voluntad y las preferencias de la persona en aquellos casos en que esta se encuentre absolutamente imposibilitada para interactuar con su entorno por cualquier medio.

Es importante subrayar que la toma de decisiones apoyada no consiste en sustituir la voluntad de la persona con discapacidad, sino en brindarle recursos para que decida por sí misma. En cualquier caso, los apoyos que se provean deben estar fundados en los principios de accesibilidad, diseño universal y ajustes razonables; y deben estar dirigidos a impulsar, velar y salvaguardar la autonomía y la voluntad de la persona. En este sentido, lo primero que hay que tener presente es que el apoyo no puede imponerse a la persona con discapacidad en contra de su voluntad, ni podrá realizarse sin su consentimiento. Debe aceptar y sentirse cómoda con los apoyos y con la persona que los presta.

Algunas pautas para la identificación de apoyos son:

- Preguntar directamente a la persona con discapacidad usuaria del MASC si necesita apoyos, y cuáles.
- En caso de que requiera identificar y concretar apoyos, indagar en una primera reunión con la propia persona y, si es necesario, en el siguiente encuentro con quien la acompaña, acerca de los siguientes aspectos:

  o ¿Con quién convive la persona con discapacidad?
  o Si la persona con discapacidad asiste acompañada a solicitar el servicio, ¿qué relación tiene el acompañante con la persona?
  o ¿Es el acompañante la persona que presta apoyo a la persona con discapacidad para realizar las actividades diarias?
  o ¿La persona con discapacidad usuaria del MASC necesita apoyo para comunicarse?
  o ¿Requiere apoyo para permanecer atenta al desarrollo del MASC?
  o ¿Del entorno familiar o de confianza de la persona usuaria con discapacidad, quiénes lo comprenden más? ¿Quiénes respetan y mejor interpretan su voluntad, deseos y preferencias? ¿Quiénes le preguntan antes de tomar una decisión importante para ella?

Con esta información podrá estimarse la intensidad de los apoyos que se necesitan tanto en la atención del servicio, como durante las eventuales sesiones del MASC, y se podrá determinar quiénes pueden prestarlos en tanto conocen a la persona con discapacidad usuaria del MASC y respetan su voluntad y elecciones.

Algunas pautas para la prestación de apoyos son:

- Después de identificar las necesidades de apoyo, confirme con la persona con discapacidad su aceptación para que sea prestado.
- Si lo considera necesario, recurra a un apoyo de pares para facilitar que la persona con discapacidad pueda comprender la situación. Con este fin, puede solicitar acompañamiento de una red de apoyo conformada por personas de confianza elegidas por la propia persona con discapacidad, que se centrarán en desarrollar y comunicar la voluntad y preferencias de la persona, y transformar la acción intencional en decisiones.

- Puede solicitar el apoyo de asociaciones y entidades que representan a personas con discapacidad, a fin de que faciliten la interacción con la persona con discapacidad usuaria del MASC y su expresión de voluntad.
- Explicar al tercero que prestará el apoyo que su función se ceñirá a facilitar la manifestación de la voluntad, deseos y preferencias de la persona con discapacidad, precisando las consecuencias o implicaciones de sus actos en el marco del servicio que se necesite.
- Advertir a la persona de apoyo que no podrá influenciar indebidamente las decisiones que adopte la persona con discapacidad.

Algunas pautas para aplicar salvaguardias:

Las salvaguardias son medidas destinadas a proteger la voluntad y preferencias de la persona con discapacidad en el ejercicio de su capacidad jurídica, libre de conflicto de intereses o influencia indebida. Las salvaguardias deben ser proporcionales al grado en que dichas medidas afecten derechos e intereses de la persona con discapacidad en la toma de decisiones jurídicas.

- Propiciar un espacio para tener una reunión a solas con la persona con discapacidad en la que se pueda comprobar que acude al servicio sin ningún tipo de injerencia o abuso, y que no media un conflicto de intereses frente a su situación específica en el MASC. Asimismo, que acepta a la persona que prestará el apoyo.
- Suscribir un acuerdo de confidencialidad con quien actuará como apoyo de la persona con discapacidad.
- Solicitar a la persona que prestará el apoyo una declaración en la que manifieste que actúa de manera imparcial, que salvaguarda la voluntad y preferencias de la persona con discapacidad, que no tiene intereses personales en el desarrollo del trámite, que no busca beneficio propio, que se abstiene de cualquier injerencia indebida y que conoce el alcance de su actuación como persona de apoyo.
- Instruir a la persona que prestará el apoyo acerca de las siguientes obligaciones:

o Actuar siempre conforme a la voluntad, deseos y preferencias de la persona con discapacidad.

o Mantener una relación de confianza con la persona con discapacidad a quien prestará apoyo.

o Guardar la confidencialidad de la información de la persona con discapacidad a quien prestará apoyo.

o Abstenerse de sustituir el consentimiento y la voluntad de la persona con discapacidad a través de cualquier actuación u omisión.

• Elaborar un informe en el que conste:

o Modo en que fueron identificadas las necesidades de apoyo.

o Para qué actividades se requirieron apoyo.

o La aceptación de la persona con discapacidad en hacer uso del apoyo y de la persona que lo presta.

o Persona que prestó el apoyo, forma como fue identificada, obligaciones y funciones.

o Observaciones sobre la forma como se desarrolló el apoyo y de cómo fue la relación entre la persona de apoyo con la persona usuaria con discapacidad durante la prestación del servicio (Registrar la presencia o ausencia de signos de manipulación, engaño, amenazas u otras señales que pudiesen influir en la voluntad de la persona con discapacidad).

3. Pautas para diseñar protocolos de atención inclusiva en los MASC

A continuación, se recogen pautas orientadas al diseño de protocolos que garanticen un avance progresivo hacia una atención adaptada y adecuada a las personas con discapacidad en los MASC.

Pautas generales a tener en cuenta:

• Las pautas están dirigidas no solo a los operadores de los MASC, sino también al personal que hace parte de la cadena de atención. Todos son responsables de la aplicación efectiva de los protocolos.

• Su implementación y desarrollo requieren, en particular, el apoyo y compromiso de los órganos de dirección y/o coordinación general de las entidades prestadoras de servicios de gestión y solución de conflictos, así como de las personas físicas que lleven a cabo estos servicios.

- Los criterios señalados en el apartado anterior son de aplicación obligatoria, ya que se fundamentan en normas jurídicas de carácter vinculante: Convención Internacional sobre los Derechos de las Personas con Discapacidad, artículo 49 de la Constitución Española y el marco normativo nacional e internacional sobre discapacidad. Estos principios deben irradiar transversalmente toda la ruta de atención a las personas con discapacidad en los MASC.
- En la implementación de los protocolos, debe aplicarse un enfoque de derechos de las personas con discapacidad, particularmente los siguientes aspectos:

  o Dignidad humana: reconocer y respetar la dignidad inherente de cada persona con discapacidad.
  o Autonomía individual: respetar la capacidad de todas las personas con discapacidad para tomar sus propias decisiones.
  o Accesibilidad: asegurar que el entorno y el servicio sean accesibles para todas las personas con discapacidad.
  o No discriminación: impedir cualquier forma de discriminación basada en la discapacidad.
  o Inclusión: asegurar que todas las personas con discapacidad tengan las mismas oportunidades para acceder al MASC.
  o Participación activa: fomentar la participación activa de las personas con discapacidad en el desarrollo del MASC.

- Sin importar el medio por el que se atienda a la persona con discapacidad —presencial o digital—, desde el primer contacto se debe generar una atmósfera adecuada, acogedora y respetuosa, en línea con las pautas que aquí se exponen.

Pautas de valoración y previsión de necesidades

Estas pautas corresponden a las medidas previas necesarias para identificar y reducir las barreras que enfrentan las personas con discapacidad en el servicio MASC, garantizando su derecho a la justicia en condiciones de igualdad.

- Insistir en la formación y toma de conciencia sobre la realidad de las personas con discapacidad, sus necesidades específicas de apoyo y sus derechos por parte de las personas prestadoras de servicios MASC.

- Verificar que todos los formatos y medios de comunicación utilizados cumplan con los criterios de accesibilidad universal, de sencillez y comprensión fácil en su redacción y presentación.
- Adaptar los formatos y demás opciones para solicitar el servicio MASC, de manera que incorporen la posibilidad de que la persona usuaria señale qué ajustes y apoyos va a requerir.
- Elaborar una lista de posibles ajustes que puedan requerir las personas usuarias con discapacidad, para anticipar su disponibilidad.
- Identificar posibles colaboradores que puedan prestar apoyo interdisciplinario para la atención a personas con discapacidad, así como a las entidades representativas de las personas con discapacidad y sus familias a las que se puede recurrir para prestar un mejor servicio.

Pautas de información

Estas pautas son clave en el momento de brindar información a la persona con discapacidad, particularmente en los primeros contactos. Implican suministrar datos clave sobre el servicio, así como recopilar y analizar información para abordar las necesidades de la persona usuaria con discapacidad de manera efectiva.

- Disponer de diferentes formatos para difundir una misma información: lengua de signos para las personas sordas, formatos digitales accesibles para lectores de pantalla y en braille para las personas ciegas, textos en lectura fácil para las personas con discapacidad intelectual o psicosocial, materiales audiovisuales con lengua de señas, subtítulos y audiodescripción para personas con discapacidad auditiva y discapacidad visual, etcétera.
- Utilizar un lenguaje claro y sencillo para explicar información técnica o compleja. Asegurarse de que la persona usuaria con discapacidad comprenda completamente la información que se le está proporcionando.
- Si la persona no le entiende, repita el mensaje o construya la frase de otra manera más sencilla y con palabras de significado similar.
- Usar gestos naturales para reforzar la comunicación, evitando exageraciones innecesarias.
- Si la circunstancia lo requiere, atender a la persona usuaria con discapacidad en un lugar más adecuado, más silencioso, a fin de transmitirle

la información solicitada o guiarla en el diligenciamiento de formularios. Es imperativo cuidar que esta forma de actuar no se entienda como aislamiento de la persona con discapacidad.

- Preguntar a la persona usuaria con discapacidad qué servicio requiere (cuando se presten varios servicios MASC). Si tiene dudas, direccionar la atención a un profesional que pueda conocer de las circunstancias del caso y orientar sobre el mejor y más conveniente MASC.
- La información que se entrega por escrito, por ejemplo, formularios y folletos informativos deben ser accesibles, claros y concisos.
- De ser necesario, brindar apoyo en el diligenciamiento de formularios de atención.
- Procurar concentrar en un solo despacho la realización del trámite, para evitar desplazamientos a la persona usuaria con discapacidad.
- Consultar directamente con la persona con discapacidad cuáles son sus preferencias de accesibilidad, o qué apoyos y ajustes requiere.
- Analizar los aspectos que se requieren para proveer los apoyos necesarios hasta aquí identificados como, por ejemplo, tiempo de organización de la logística, materiales y espacios disponibles, necesidad de acudir a organizaciones del sector de la discapacidad.
- Si el prestador del servicio MASC no puede ofrecer el apoyo, es importante manifestárselo inmediatamente a la persona usuaria con discapacidad para que esta pueda buscar prestadores de servicios MASC inclusivos.
- Si la información se ofrece a través de sitios web o redes sociales, recordar que debe ser accesible, con contenidos breves, claros y sencillos.

Pautas en el asesoramiento sobre las opciones de MASC

Son aquellas que deben tenerse en cuenta al prestar asistencia legal a una persona con discapacidad, para que pueda estudiar su situación y elegir el MASC que mejor se adapte a sus necesidades.

- Recordar que, con la ratificación de la Convención sobre los Derechos de las Personas con Discapacidad, se reconoce que todas las personas con discapacidad tienen capacidad jurídica en igualdad de condiciones con las demás en todos los aspectos de la vida.

La Ley 8/2021, de 2 de junio, que reforma la legislación civil y procesal, adopta este paradigma y se centra en el ámbito jurídico-privado, reforzando el respeto a la autonomía y la toma de decisiones.

- Escuchar atentamente la exposición del problema de la persona usuaria con discapacidad. Es esencial ser respetuosos y darle espacio a la persona para que se sienta cómoda y segura de hablar.
Tener en cuenta que cada situación y cada persona es diferente, por lo que es necesario adaptarse y ser flexibles en nuestra manera de acercarnos.
Hacer preguntas pertinentes que ayuden a la persona a expresarse mejor y entender mejor su perspectiva.
Establecer un ambiente tranquilo y apoyar en la concentración durante la asesoría.
- Brindar a la persona con discapacidad orientación sobre las distintas opciones de procesos MASC para la solución de la controversia, usando canales de comunicación accesibles para garantizar la transmisión efectiva de la información. Utilice modos diferenciales de transmisión informativa (visual, sonora, táctil), de acuerdo con la discapacidad de la persona.
- Es muy importante identificar la capacidad de comprensión de la persona. Por tanto, si es necesario, se deben repetir cuantas veces sea necesario los aspectos centrales de la asesoría. Evitar tecnicismos jurídicos y usar frases sencillas y con palabras de significado similar.
- Permitir que la persona se tome el tiempo necesario para responder y hacer cuántas preguntas desee para confirmar que ha comprendido la información en su integridad.
- Ofrecer retroalimentación positiva sobre el resultado de la atención.
- Tener en cuenta que entornos nuevos y situaciones complicadas pueden desencadenar comportamientos y respuestas como movimientos repetitivos, acciones y actitudes que también pueden ser una forma de comunicación o la respuesta a estas circunstancias. Ello no significa que no estén atentas a la conversación. Ofrezca tiempo y comprensión.
- Según el tipo de discapacidad de la persona usuaria, permitir la asistencia de personas de apoyo que faciliten la comunicación y la comprensión (por ejemplo, persona conocedora de lengua de signos u otros sistemas aumentativos de comunicación, personas de apoyo para la comprensión en personas con discapacidad intelectual, familiares -

siempre con la aprobación de la persona usuaria con discapacidad-) y realizar los ajustes que exige el caso particular.

Aclarar a la persona de apoyo/acompañante que la asesoría se hace para la persona con discapacidad y que no debe interferir o influir en las decisiones que esta adopte.

- Tener presente que la toma de decisiones libres e informadas no busca la toma de *buenas decisiones*, sino de elección y expresión de voluntades sin injerencias, que incluyen el derecho a equivocarse.
- Como quiera que las personas pueden expresar su voluntad sin recurrir al lenguaje oral, es necesario prestar atención a las reacciones cuando se le pregunta, se le pide que elija o se solicita su opinión. Las respuestas pueden incluir gestos, movimientos o conductas no verbales.

Pautas para el desarrollo del MASC

Estas pautas refieren a las condiciones que deben darse en el desarrollo del MASC elegido para intentar resolver el desacuerdo.

- Si se asume la gestión y resolución del conflicto a través del MASC, garantizar un procedimiento inclusivo que abarque los criterios de accesibilidad, la realización de ajustes razonables y el suministro de apoyos. Adecuar las percepciones, lenguaje y trato hacia las personas con discapacidad.
- Concretar los apoyos que requerirá la persona con discapacidad en el desarrollo del MASC (por ejemplo, en las sesiones de mediación, en la audiencia de conciliación).
- Recurrir a reuniones privadas en el desarrollo del MASC, si considera que generan mayor confianza, tranquilidad y facilitan a la persona con discapacidad expresar libremente sus preocupaciones y propuestas sin la presión de la otra parte.
- Preparar con antelación la información esencial que se debe dar a conocer a la persona con discapacidad como parte del MASC. Dicha información debe ser en formatos accesibles.
- Explicar de modo claro y sencillo las restricciones sobre la información (por ejemplo, información que no pueda ser entregada, copias de documentos).

- Proponer fórmulas de arreglo o reforzar la exposición de las alternativas que sugiera la persona con discapacidad, a través de frases cortas y sencillas, y elementos como dibujos, gráficos, gestos o los demás que se estimen pertinentes.
- Sugerir la suspensión de la sesión/audiencia en caso de apreciar que la persona con discapacidad está sometida a gran tensión que pueda alterar su estado anímico o emocional.
- Las personas de apoyo deberán suscribir un documento de compromiso de confidencialidad y veracidad de la información que conozcan durante el proceso.
- Recordar que la función de la persona de apoyo es ofrecer un acompañamiento que facilite la comunicación, pero nunca debe asumir posiciones o tomar decisiones durante el proceso. Si considera que la persona de apoyo está obstaculizando la realización del MASC, hágaselo saber y recalque cuál es el papel del apoyo en el trámite. Cuide de que tal persona no tenga una intromisión superior a la permitida por su rol.
- Comprobar que la persona con discapacidad comprende el alcance de las fórmulas de arreglo que se proponen, así como de los acuerdos que se alcancen, las condiciones de cumplimiento y las consecuencias de los incumplimientos de los mismos.
- Adoptar las salvaguardas para proteger la voluntad y preferencias de la persona con discapacidad en el ejercicio de su capacidad jurídica.
- Considerar cualquier forma o medio que emplee la persona con discapacidad para expresar su voluntad.
  Muchas personas pueden expresar su voluntad sin recurrir al lenguaje oral, por tanto, hay que prestar atención a sus reacciones, gestos, movimientos o comportamientos no verbales.
  Valorar la grabación de la sesión/audiencia —con el consentimiento de la persona con discapacidad— a fin de que pueda servir como instrumento para refrendar la manifestación de voluntad de la persona.
- Confirmar que se han cumplido los siguientes pasos en los cuales las personas con discapacidad han contado con los apoyos y ajustes razonables necesarios.
  1. Se ha entregado la información adecuada, suficiente y en formatos accesibles.
  2. La persona con discapacidad ha comprendido íntegramente la información.

3. Se han explorado y analizado las opciones y sus posibles consecuencias.

4. Toma de decisión libre y autónoma por la persona con discapacidad sobre acuerdos.

- Tener en cuenta las siguientes pautas al momento de formalizar los acuerdos:
    o Redactar párrafos cortos con frases no muy largas para facilitar la lectura.
    o Emplear un lenguaje sencillo sin tecnicismos.
    o Explicar claramente las implicaciones de la información.
    o Ofrecer instrucciones precisas sobre las acciones que puede adoptar la persona.

Pautas de cumplimiento y seguimiento

Estas pautas permiten evaluar la aplicación de los protocolos y asegurar la calidad de la atención brindada a las personas con discapacidad.

1. Evaluar internamente la manera en la que se prestó el servicio

Para ello, puede valerse de:

o Encuestas y formularios de satisfacción de las personas usuarias con discapacidad, con preguntas que ayuden a concluir que el servicio fue inclusivo y cumplió con las expectativas de la persona.

o Indicadores claves que puedan servir como base para establecer una métrica de atención inclusiva que la persona usuaria con discapacidad podría estar recibiendo (por ejemplo: accesibilidad, apoyos, eficiencia operativa —para proveer los ajustes razonables— cultura inclusiva —en relación con el personal del servicio MASC—, etcétera).

o Revisiones de casos que no hayan cumplido con los criterios de inclusión.

o Análisis de desempeño para medir y facilitar el seguimiento de las labores de atención a las personas usuarias con discapacidad.

o Observación directa de las interacciones con la persona usuaria con discapacidad.

o Análisis de datos, como las quejas, reclamaciones o sugerencias de las personas usuarias con discapacidad o las reseñas en línea sobre el servicio.

2. Identificar aspectos de mejora y desarrollar nuevas estrategias

Utilizar los resultados de la evaluación para mejorar el servicio y la satisfacción de la persona usuaria con discapacidad.

o Identificar los aspectos susceptibles de mejora en el marco de garantía de la inclusión de la discapacidad. Estos pueden incluir:
  • Deficiencia en aspectos de accesibilidad.
  • Desafíos para proveer ajustes razonables.
  • Cumplimiento estricto del rol de la persona que presta apoyo.

o Formular e implementar estrategias de mejora. Estas pueden incluir:
  • Proporcionar formación adicional al personal prestador del servicio MASC para mejorar sus conocimientos y habilidades para atender a personas con discapacidad.
  • Implementar cambios en los procesos del servicio para hacerlo más eficiente y eficaz.
  • Establecer alianzas con organizaciones representativas de personas con discapacidad y con equipos interdisciplinarios que faciliten la interacción con la persona usuaria con discapacidad y el suministro de apoyos.

3. Medir el progreso de los cambios realizados

Una vez implementados los cambios, es importante medir el progreso para ver si están teniendo el efecto deseado. Esto se puede hacer comparando los resultados de la evaluación anterior con los de la evaluación más reciente.

Si se encuentra que los cambios han tenido un impacto positivo, se pueden seguir implementando. Si los resultados muestran que los cambios no han tenido el efecto deseado, se pueden realizar ajustes adicionales.

CAPÍTULO IV. LOS MASC COMO INSTRUMENTOS PARA LA TUTELA DE LOS DERECHOS DE LAS PERSONAS CON DISCAPACIDAD

1. Consideración previa
2. MASC en materia de igualdad de oportunidades, no discriminación y accesibilidad
3. MASC en el consumo
4. MASC en las relaciones laborales
5. Mediación para la provisión de apoyos
6. Mediación en conflictos derivados de los cuidados de larga duración

1. Consideración previa

Los MASC presentan múltiples aspectos que los convierten en una opción valiosa para la defensa de los derechos de las personas con discapacidad. Entre sus ventajas se encuentran la reducción de costos, flexibilidad, simplificación, rapidez y confidencialidad. Además, al promover la participación activa de las partes en la búsqueda de la solución, los MASC favorecen el empoderamiento, la autonomía, el compromiso con el resultado, la viabilidad de implementación del acuerdo y, en muchos casos, una mejora en las relaciones interpersonales futuras.

Sin embargo, para muchas personas con discapacidad, estas ventajas son más teóricas que prácticas. Las barreras de accesibilidad, la falta de ajustes razonables o de apoyos adecuados, así como el desconocimiento de los operadores, limitan seriamente su eficacia real.

De todas las fórmulas de MASC, como se indicó en el capítulo II, el arbitraje y la mediación son las más conocidas y reconocidas como medios potenciales para asegurar el pleno reconocimiento y ejercicio de los derechos de las personas con discapacidad. No obstante, los resultados prácticos de su uso siguen siendo limitados en la actualidad.

Tras casi veinte años de la entrada en vigor del Real Decreto 1417/2006, de 1 de diciembre, que regula el sistema arbitral para la resolución de quejas y reclamaciones en materia de igualdad de oportunidades, no discriminación y accesibilidad por razón de discapacidad, su implementación ha sido prácticamente nula, aun cuando el sistema sigue vigente[5]. A su vez, y a falta de datos que den cuenta de ello, la aplicación de Ley 5/2012, de 6 de julio, de mediación en asuntos civiles y mercantiles, para resolver conflictos derivados del reconocimiento de los derechos de las personas con discapacidad, parece ser anecdótica.

Teniendo en cuenta estas consideraciones, este capítulo tiene como objetivo impulsar la aplicación de los MASC como instrumentos para la solución de controversias relacionadas con la tutela de derechos de las personas con discapacidad.

Antes de exponer las posibilidades de los MASC en esta materia, es necesario dejar sentada dos premisas.

La primera: no todos los MASC, ni siempre, son adecuados para resolver conflictos relacionados con la garantía de derechos de las personas con discapacidad. Debe valorarse su uso dependiendo del caso. Los factores rele-

---

[5] Todo el sistema arbitral establecido por el Real Decreto se vinculaba a la actuación de las juntas arbitrales, órganos administrativos con representación paritaria de las organizaciones de las personas con discapacidad y las organizaciones económicas, a las que se les atribuía las funciones de fomento y la designación de los árbitros. Exceptuando la ciudad autónoma de Melilla, que en 2008 puso en marcha la junta arbitral de discapacidad incorporándola como sección adscrita a la junta arbitral de consumo, en el resto de autonomías la implantación del sistema ha sido prácticamente nula. Sin embargo, la Junta Central de igualdad de oportunidades, no discriminación y accesibilidad por razón de discapacidad, con competencias más residuales, fue nombrada por la Secretaría de Estado de Derechos Sociales mediante la Resolución de 14 de enero de 2024.

vantes para decidir qué situaciones deben tratarse mediante MASC y qué proceso utilizar incluyen: la naturaleza de la disputa, si se pueden proteger los intereses de la persona con discapacidad, y las capacidades y actitudes de las partes, recordando siempre que el enfoque debe ser el de maximizar la participación de la persona en el proceso, más que enfocarse en nociones de capacidad jurídica.

La segunda: el uso de los MASC no se limita al ámbito civil y mercantil. Más allá de la Ley Orgánica 1/2025, de 2 de enero, de medidas en materia de eficiencia del Servicio Público de Justicia, que circunscribe el uso —su obligatoriedad— de los MASC antes de presentar demandas en los ámbitos civil y mercantil, los MASC operan en una amplia gama de contextos igual de esenciales para promover la defensa de los derechos de las personas con discapacidad.

Estas premisas ponen de relieve la importancia de formar adecuadamente a los operadores de justicia en esta materia, a fin de evitar desajustes entre las expectativas de la persona con discapacidad y los resultados del MASC y, especialmente, para no incurrir en una mayor discriminación. Además, evidencian la necesidad de fomentar su uso en diferentes ámbitos, dotándolos de medios materiales y personales indispensables para su funcionamiento, y promoviendo la revisión y adaptación de ciertas regulaciones, como el desarrollo de la institución de arbitraje para ser utilizado por las personas con discapacidad en la defensa de sus derechos.

2. MASC en materia de igualdad de oportunidades, no discriminación y accesibilidad

El Real Decreto 1417/2006, de 1 de diciembre, estableció de manera novedosa, y por primera vez en nuestro ordenamiento, un sistema arbitral para atender y resolver, con carácter vinculante, las quejas o reclamaciones de las personas con discapacidad en materia de igualdad de oportunidades, no discriminación y accesibilidad universal, siempre que no existan indicios racionales de delito, y sin perjuicio de la protección administrativa o judicial que en cada caso proceda. Aunque, como ya se expuso, su implementación ha sido muy limitada, la constitución de la Junta Central de igualdad de oportunidades, no discriminación y accesibilidad por razón de discapacidad en 2024 hace pensar en una reactivación de este sistema y su puesta en marcha por parte de las comunidades autónomas.

Por su parte, la Ley 5/2012, de mediación en asuntos civiles y mercantiles, amplió las medidas de defensa de la que puede valerse las personas con discapacidad para hacer efectivos sus derechos. Si bien esta ley no hace mención expresa a la discapacidad ni está indicada para un grupo concreto, pertenece al conjunto de mecanismos de reclamación impulsados por la normativa europea sobre igualdad de oportunidades y no discriminación, la cual es partidaria de los procedimientos extrajudiciales de resolución de conflictos, en especial, de aquellos de carácter autocompositivo, como la mediación y la conciliación[6].

Es fundamental que los profesionales en MASC tengan formación y experiencia en la legislación y jurisprudencia en materia de accesibilidad, igualdad de oportunidades y no discriminación por razón de discapacidad para orientar debidamente en los procesos de resolución de disputas.

Algunas de las controversias que se pueden resolver haciendo uso de los MASC son:

- Conflictos que se susciten en la implantación de las medidas de ajustes razonables. Ejemplo: una institución educativa niega a una alumna con discapacidad visual la adaptación de una prueba.
- Conflictos surgidos por la falta de accesibilidad en los distintos ámbitos, entornos, productos y servicios, que generan situaciones discriminatorias hacia las personas con discapacidad por la existencia de obstáculos que impiden ejercer sus derechos. Ejemplos:

---

[6] La Resolución del Parlamento Europeo, de 13 de diciembre de 2022, sobre la igualdad de derechos para las personas con discapacidad, en atención al principio de igualdad en el reconocimiento ante la ley () pide a la Comisión y a los Estados miembros que adopten medidas adecuadas para eliminar todas las barreras a las que se enfrentan las personas con discapacidad en el acceso a la justicia, abordando el desconocimiento de las discapacidades y la CDPD en los servicios judiciales; () y pone de relieve que los mecanismos de reclamación, tanto judiciales como extrajudiciales, deben ser más accesibles para las personas con discapacidad.

o	En el transporte ferroviario, algunas líneas de cercanías tienen problema de compatibilidad entre infraestructuras y vehículos, lo que dificulta la movilidad de personas con discapacidad física.

o	Falta de señalización de braille o altorrelieve en edificios públicos.

o	La solicitud de instalación de ascensor por una persona con movilidad reducida es denegada por la mayoría de vecinos del edificio.

Debe advertirse que, si bien las conductas descritas en los ejemplos son susceptibles de ser concebidas como discriminatorias y, por tanto, reprochables, denunciables y consecuentemente sancionables, corresponde a la persona con discapacidad, en el deber de asumir la responsabilidad de resolver sus conflictos y en el derecho de libertad de decisión, optar por el medio judicial o extrajudicial que considere más eficaz para la defensa de sus derechos.

3. MASC en el consumo

La Ley 4/2022, de 25 de febrero, de Protección de los Consumidores y Usuarios frente a situaciones de Vulnerabilidad Social y Económica, conlleva cambios relevantes favorables a las personas con discapacidad:

- Establece normativamente el concepto de consumidor vulnerable, incluyendo expresamente a las personas con discapacidad, lo que garantiza que se les proporcione mecanismos suficientes para su protección, seguridad e integridad.
- Recoge por primera vez en el ordenamiento jurídico el etiquetado inclusivo, incorporando el braille en productos de consumo.
- Junto a las personas mayores, las personas con discapacidad aparecen como destinatarias de las nuevas medidas establecidas en favor de la inclusión financiera, para eliminar la discriminación que sufren estos grupos en el acceso a este tipo de servicios, en especial, a los bancarios.
- Refuerza la accesibilidad universal, al exigir que la información sobre los diferentes bienes o servicios se haga en formatos que garanticen su accesibilidad y que los contratos cumplan con condiciones de accesibilidad y legibilidad.

Las personas consumidoras con discapacidad pueden acudir a cualquier MASC, tanto los previstos en legislación especial en materia de consumo, como los generales previstos en la Ley Orgánica 1/2025, de 2 de enero, de medidas en materia de eficiencia del Servicio Público de Justicia.

Ahora bien, el arbitraje queda claramente excluido de esta disposición, toda vez que la Ley de eficiencia del Servicio Público de Justicia se refiere a MASC que no impidan el acceso posterior a la Jurisdicción, y el arbitraje veta el acceso a la Jurisdicción por naturaleza; esto es, o se acude a arbitraje o se acude a los tribunales ordinarios, y el laudo arbitral pone fin definitivamente a la controversia. La Ley señala otros MASC en materia de consumo, diferentes del arbitraje, válidos para cumplir el requisito de procedibilidad que exige la norma: la conciliación, la negociación, la mediación o el derecho colaborativo.

En cualquier caso, debemos insistir en que, recurrir a los MASC —cualquiera que sea— debe partir de un genuino interés por fomentar una cultura de paz, de inclusión y de combate frontal a la discriminación o exclusión por motivos de discapacidad.

4. MASC en las relaciones laborales

El empleo es uno de los aspectos que más incide en la inclusión social de las personas con discapacidad. Sin embargo, existen varios factores que afectan el acceso y la permanencia de esta población en el mercado de trabajo. Con demasiada frecuencia, la discapacidad en el ámbito laboral se asocia con dificultades, limitaciones y un mayor coste. Entre las creencias más extendidas se encuentran: las personas con discapacidad son poco productivas y tienen un bajo rendimiento laboral, se ausentan regularmente debido a que enferman continuamente, el personal o la clientela puede sentirse incómoda al tratar con personas con discapacidad, tendré problemas legales si decido desvincular a una persona con discapacidad, mi empresa no es accesible para personas con discapacidad y no puedo asumir costos adicionales para adaptar la empresa o los puestos de trabajo. Estas ideas atentan contra la plena inserción laboral de las personas con discapacidad, con garantía de unas condiciones de trabajo dignas, disfrute de la mayor autonomía individual y reconocimiento íntegro de sus especificidades a nivel personal y colectivo.

Aunque existe un acervo normativo que protege a los trabajadores con discapacidad en materia de empleo, el marco de las relaciones laborales de las personas con discapacidad está caracterizado por un sistema de interlocución débil, por el uso preferente de la vía judicial[7] en detrimento de la autocomposición y la heterocomposición, por el escaso número de profesionales con conocimiento para resolver conflictos laborales de las personas con discapacidad, por la limitación en el empleo de MASC en esta materia, entre otros factores.

Para enfrentar estos desafíos, es clave que los actores del ámbito laboral aborden este tema desde un enfoque de diálogo abierto y respetuoso y con estrategias comprometidas con la inclusión. En este sentido, los MASC representan una oportunidad valiosa para construir soluciones pacíficas y duraderas frente al conflicto de la desigualdad de las personas con discapacidad en el acceso al empleo.

5. Mediación para la provisión de apoyos

En las discrepancias que se susciten con ocasión de la provisión de apoyos, el MASC más adecuado para utilizar es la mediación. Este medio es un instrumento que va en consonancia con el cambio de perspectiva en el modo de entender la discapacidad, en particular con el respeto al derecho de igualdad de todas las personas con discapacidad en el ejercicio de su capacidad jurídica.

La esencia de la mediación radica en la libertad y la autonomía de la voluntad de que quienes participan en ella. El ejercicio de este derecho com-

---

[7] La realidad es que todavía siguen siendo escasas las denuncias que se producen en esta materia tanto en sede judicial como en las Inspecciones de Trabajo y Seguridad Social. Existen diversos motivos por los cuales las personas con discapacidad apenas emprenden acciones contra estos tratos discriminatorios. Un motivo sin duda está asociado al temor a perder el empleo. Otro motivo es la falta de percepción de las discriminaciones, y el desconocimiento generalizado que existe sobre los instrumentos legales para poder combatirlas, o la sensación do impotencia por la pérdida de tiempo, incluso de dinero en actuaciones infructuosas, ya que, o bien el resultado, si lo hay, suele tardar considerablemente haciendo ineficaz la pretensión inicial, o bien, las sanciones en caso de imponerse resultan insignificantes y no suponen cambios a largo plazo.

porta, además de la elección de la persona u organismo que se encargue de la mediación, el de optar por participar personal y activamente —aunque necesite otra persona que le apoye— o por hacerse representar, y de decidir el resultado del procedimiento, al poder desistir y acudir a otro cauce diferente o alcanzar un acuerdo total o parcial. Esto implica que el mediador debe reconocer y aceptar que son los mediados —la persona con discapacidad como parte— quienes tienen la potestad de tomar sus propias decisiones.

La Ley 8/2021, de 2 de junio, por la que se reforma la legislación civil y procesal para el apoyo a las personas con discapacidad en el ejercicio de su capacidad jurídica, representa un hito en la protección de los derechos de las personas con discapacidad en España. Esta norma da valor a la voluntad, deseos y preferencias de las personas con discapacidad, y establece un nuevo sistema de apoyos que se fundamenta en el respeto a la autonomía de la persona para la toma de decisiones y en el apoyo para expresar su voluntad cuando ella lo precise.

La Fiscalía General del Estado, en su *Manual de Buenas Prácticas del Ministerio Fiscal en la Protección a las Personas con Discapacidad* (2010), recogía que la intervención del Fiscal en la protección y garantía de los derechos de las personas más vulnerables por su edad y/o situación de discapacidad y en la promoción de los mecanismos de apoyo necesarios para su ejercicio podría encauzar a la mediación aquellos conflictos de intereses entre los familiares de la persona con discapacidad, desde la fase preprocesal.

Esta alternativa, consideramos, es posible con el actual sistema de provisión de apoyos. Pero, el uso de la mediación no solo aplica a la fórmula judicial para proveer apoyos, sino que incluye aquellas que no requieren intervención de un juez. Podría, por ejemplo, caber la mediación cuando las desavenencias se producen en el ejercicio y desarrollo de los apoyos, sobre todo, cuando estos se prestan de manera compartida.

6. Mediación en conflictos derivados de los cuidados de larga duración

Actualmente se observa un aumento constante y muy significativo de personas que, por razón de una discapacidad sobrevenida, requerirán cuidados intensos y prolongados. Diagnóstico de enfermedades crónicas, accidentes traumáticos o el envejecimiento son algunos factores generadores de discapacidad que pueden impedir que una persona pueda realizar las actividades básicas de la vida diaria de manera independiente. No obstante, y a pesar de la necesidad creciente de prestación de cuidados de larga duración, el modelo de cuidados en nuestro país presenta numerosos desafíos.

La Ley 39/2006, de 14 de diciembre, de Promoción de la Autonomía Personal y Atención a las personas en situación de Dependencia se presentó como un avance significativo hacia el reconocimiento del derecho subjetivo a recibir apoyos para la autonomía personal y cuidados de larga duración. Para tal cometido creó el Sistema para la Autonomía Personal y la Atención a la Dependencia SAAD, concebido como una herramienta clave para la atención integral de la calidad. Sin embargo, casi dos décadas después, los resultados están lejos de cumplir las expectativas que generó.

Dentro de las múltiples fallas del SAAD —desigualdades territoriales, falta de financiación adecuada, copagos desproporcionados, burocratización administrativa, modelo de gestión ineficaz[8]—, una de sus más graves deficiencias ha sido favorecer un enfoque asistencialista en detrimento de la promoción de la autonomía personal. A pesar de que la Ley se basa en los principios de autogobierno y libertad de elección del destinatario de los cuidados, la realidad demuestra que se ha desmarcado de ellos. Esto ocasiona multitud de situaciones conflictivas que refieren a la toma de decisiones en las medidas de asistencia que se adoptan conforme a la Ley y, también, con las condiciones sociolaborales que se derivan de la atención a las personas en situación de dependencia.

Podemos hablar de diferentes lugares de prestación de los cuidados de larga duración: cuidados en domicilio, que pueden ser dados por un cuidador

---

[8] De hecho, la tendencia disgregadora de la normativa y sus disímiles resultados han sido generadores de múltiples situaciones conflictivas que, debido a la rigidez administrativa y la potestad decisoria de la Administración no daban lugar a plantear soluciones más rápidas y menos onerosas. Una cuestión que ha cambiado con el Real Decreto Ley 6 del 19 de diciembre de 2023 que modificó los literales n) y o) del artículo 2 de la Ley reguladora de la jurisdicción social, en el sentido de transferir a la jurisdicción social el conocimiento de los litigios en materia de dependencia. Actualmente, todas las controversias en el ámbito de aplicación de la Ley 39/2006 han de solventarse ante los juzgados de lo social, no en los juzgados de lo contencioso administrativo.

familiar o profesional, o cuidados en entornos residenciales.

Los cuidadores formales son proveedores de cuidados que reciben una retribución económica por suministrar los cuidados y están asociados a un sistema de servicio organizado, como las organizaciones gubernamentales, las organizaciones no gubernamentales y las organizaciones con ánimo de lucro. Además, están cualificados profesionalmente para la práctica de la asistencia y entre ellos se encuentran los profesionales sociosanitarios (enfermería, medicina, psicología, trabajo social, fisioterapia, terapia ocupacional, gerontología, etcétera) que proporcionan servicios de cuidado personal, cuidados de salud y tareas del hogar.

Los cuidadores informales son aquellas personas que ofrecen cuidados sin compensación económica, no cuentan con formación formal para suministrar los cuidados y pertenecen al entorno próximo de la persona en situación de dependencia (miembros de la familia nuclear y extensa, vecinos y amigos, voluntarios que se implican en actividades de cuidado y de atención de manera regular y continua).

Algunos de los conflictos que surgen de la prestación de cuidados de larga duración y que podrían reconducirse a la mediación son:

Contexto formal

- Conflictos institucionales y familiares sobre el cuidado de la persona entre:
  o El cuidador asignado por la organización y la familia (domicilio o centros especializados).
  o El cuidador asignado por la organización y la persona que requiere los cuidados (domicilio o centros especializados).
  o El cuidador y el resto de personal de la institución.
  o Personas que requieren cuidados dentro de una institución.
- Algunas de las cuestiones que generan conflictos:
  o Toma de decisiones sobre la forma como se provee el cuidado.
  o Conflicto intercultural con la persona contratada que proveerá el cuidado.
  o Jornada laboral del personal que proporciona los cuidados.
  o Delimitación de competencias y funciones de la persona que brinda los cuidados.

Contexto informal

- Conflictos familiares sobre el cuidado de la persona entre:
  o El familiar que ejerce funciones de cuidador y la persona que requiere los cuidados.
  o El cuidador principal y el resto de la familia de la persona que requiere los cuidados.
  o El cuidador principal y su propia familia.
  o El cuidador principal y su entorno sociolaboral.
  o El cuidador contratado y la persona que requiere cuidados.
  o El cuidador contratado y la familia de la persona que requiere los cuidados.
  o El cuidador contratado y su propia familia.
- Algunos de los interrogantes que se pueden producir y derivan en conflicto:
  o ¿Quién se hace cargo de la persona que requiere los cuidados?
  o ¿Qué relación tiene el cuidador con el resto de los familiares?
  o ¿Quién toma las decisiones: la persona que requiere los cuidados, el cuidador o la familia cercana?
  o ¿Cómo se comparten las tareas del cuidado?

Contexto mixto

- Entre el cuidador informal y el contexto formal.
  o Hospitales
  o Centros de día, centros de rehabilitación
  o Residencias
  o Administración
- Temas de conflicto:
  o Necesidades
  o Limites
  o Recursos
  o La mediación puede ser un enfoque preventivo útil en situaciones donde hay acusaciones de malos tratos hacia la persona que recibe los cuidados.

Referencias

Álvarez Ramírez, G., (2013) *Discapacidad y sistemas alternativos de resolución de conflictos,* Ediciones Cinca.

— (2023) *El capacitismo, estructura mental de exclusión de las personas con discapacidad.* Ediciones Cinca.

Comité Español de Representantes de Personas con Discapacidad, CERMI (2025) *Libro Blanco sobre las Personas con Discapacidad Sobrevenida en España.* Ediciones Cinca.

Consejo General del Poder Judicial., (2021) *Guía de buenas prácticas sobre el acceso a la justicia de las personas con discapacidad.*

EAPN-ES (2023) «Personas con discapacidad». *13 informe El Estado de la Pobreza en España. Seguimiento de los indicadores de la Agenda UE 2030. 2015-2022.* EAPN-España.

Instituto Nacional de Estadística, INE (2020) *Encuesta de Discapacidad, Autonomía personal y situaciones de Dependencia.*

Naciones Unidas, Derechos Humanos, Procedimientos Especiales (2020) *Principios y directrices internacionales sobre el acceso a la justicia para las personas con discapacidad.*

Observatorio Estatal de la Discapacidad, OED (2023) *Informe Olivenza sobre la situación de la discapacidad en España.*

Pindado, F., (2020) El arbitraje como medio de solución de conflictos sobre discapacidad, *Anales de Derecho y Discapacidad,* núm. 5.

Plena Inclusión., (2023) *Cuaderno de buenas prácticas sobre el acceso a la justicia de las personas con discapacidad.*

— (2019) *Cuadernos de buenas prácticas. Acceso a la justicia: ajustes de procedimiento para personas con discapacidad intelectual y del desarrollo.*

www.convenciondiscapacidad.es – Página de Internet monográfica referida a la Convención Internacional sobre los Derechos de las Personas con Discapacidad de Naciones Unidas de 2006.

Directorio

- Asociación Empresarial https://www.asociacionaedis.org/ para la Discapacidad (AEDIS).

- Centro Español de Accesibilidad Cognitiva (CEACOG): https://www.ceacog.es/

- Comité Español de Representantes de Personas con Discapacidad (CERMI): https://cermi.es/

- Confederación ASPACE Parálisis Cerebral: https://aspace.org/

- Confederación Autismo España: https://autismo.org.es/

- Confederación Española de Familias de Personas Sordas (FIAPAS): https://fiapas.es/

- Confederación Española de Personas con Discapacidad Física y Orgánica: https://www.cocemfe.es/

- Confederación Estatal de Personas Sordas (CNSE): https://www.cnse.es/

- Confedcración Salud Mental España: https://consaludmental.org/

- Down España: https://www.sindromedown.org/

- Federación Española de Daño Cerebral (FEDACE): https://fedace.org/

- Fiscalía Accesible: https://www.fiscal.es/web/fiscalia-accesible

- Fiscalía especializada en Protección de Personas con Discapacidad y Mayores: https://www.fiscal.es/-/personas-con-discapacidad-y-mayores

- Foro Justicia y Discapacidad. Poder Judicial https://www.poderjudicial.es/cgpj/es/Temas/Foro-Justicia-y Discapacidad/Presentacion/

- Fundación AEquitas: https://aequitas.notariado.org/liferay/web/aequitas/inicio

- Fundación Derecho y Discapacidad: https://www.fderechoydiscapacidad.es/

- Liber. Asociación de Entidades de Apoyo para la Toma de Decisiones: https://www.asociacionliber.org/

- Organización Nacional de Ciegos de España (ONCE): https://www.once.es/

- Plena Inclusión España: https://www.plenainclusion.org

- Real Patronato sobre Discapacidad: https://www.rpdiscapacidad.gob.es/

Otro material de apoyo

- 10 consejos para mejorar el acceso a la justicia. Lectura fácil: https://www.plenainclusion.org/publicaciones/buscador/10-consejos-para-mejorar-el acceso-a-la-justicia-lectura-facil/

- Accessibilitas: https://accessibilitas.es/guias-manuales-y-estudios

- Accesibilidad cognitiva en el uso de los edificios públicos: https://www.back.cermi.es/catalog/document/file/636120dfb281e.pdf

- Acceso a la justicia: ajustes de procedimiento para personas con discapacidad intelectual o del Desarrollo: https://www.plenainclusion.org/publicaciones/buscador/acceso-a-la jus-ticia-ajustes-de-procedimiento-para-personas-con-discapacidad-intele-cual-o-del desarrollo/

- Ajustes de Procedimiento. Guía para el facilitador procesal: https://www.ceacog.es/download/4870/?tmstv=1720171838

- Código de Buena Práctica de la persona facilitadora procesal: https://www.ceacog.es/download/4763/?tmstv=1715005697

- Código Ético de la persona facilitadora procesal: https://www.ceacog.es/download/4770/?tmstv=1715005863

- Comunicación aumentativa y alternativa en el ámbito jurídico: guía para operadores jurídicos y facilitadores: https://www.plenainclusion.org/publicaciones/buscador/comunicacion-aumentativa-y alternativa-en-el-am-bito-juridico-guia-para-operadores-juridicos-y-facilitadores-plena inclu-sion/

- Directrices de la ONU sobre el lenguaje inclusivo para las personas con discapacidad: https://www.ungeneva.org/sites/default/files/2021-01/Di-sability-Inclusive-Language Guidelines.pdf

- Guía de redacción judicial clara: https://www.mjusticia.gob.es/es/Area-Tematica/DocumentacionPublicaciones/InstList Download/Guía redac-ción judicial clara.pdf

- Información para todos. Las reglas europeas para hacer información fácil de leer y comprender: https://www.plenainclusion.org/publicacio-nes/buscador/informacion para-todos-pautas-europeas-de-la-lectura-facil/

- Informe: La facilitación en el acceso a la Justicia: https://www.plenain-clusion.org/publicaciones/buscador/la-facilitacion-en-el-acceso-a la-jus-ticia/

- Informe: Las personas con discapacidad intelectual o del desarrollo va-loran la falta de accesibilidad a la Justicia. Lectura fácil: https://www.ple-nainclusion.org/publicaciones/buscador/informe-las-personas-con discapacidad-intelectual-o-del-desarrollo-valoran-la-falta-de-accesibili-dad-a-la justicia-lectura-facil/

- La persona facilitadora en procesos judiciales: https://www.plenainclu-sion.org/publicaciones/buscador/la-persona-facilitadora-en procesos-ju-diciales/